外野無雙

CHAN CHIH YAO

外野無雙

CHAN

CHIH YAO

外野無雙

詹智堯

詹智堯、卓子傑——著

CHAN CHIH YAO

作者序

謝謝你，棒球！

——詹智堯

我是一個生長在屏東鄉村的小孩，是因為認識了棒球這項運動，讓我可以走出原先的成長環境，逐步踏勘未知的世界，拓展自己的視野。

從三級棒球開始，棒球讓我跨出屏東、跨出臺灣，我因此認識了很多不同的人、事、物，如果我沒有打棒球，或許會一直住在鄉下，我的生活圈應該也走不出南臺灣。

因為認識棒球，我從國中就離開屏東，大學來到臺中、當兵又到淡水、因為認識棒球，在求學的路途上我就可以在全臺灣各地到處跑、後來中華職棒和中華隊更讓我可以跨出國門，在亞洲各國和歐美的棒球國家體驗不同的文化，日本、韓國、美國這樣的棒球大國自然不在話下，甚至像荷蘭、古巴、波多黎各、澳洲，這種一般人規劃旅遊鮮少涉足之處，我都因為跟著中華隊出征國際賽，親自踏上過這些土地，我的人生視野是因為認識了棒球才變得多采多姿。

我從小的志願就是打職棒，真的從沒想過做其他的職業，後來我很幸運能夠按照自己的計劃完成目標，從加入少棒隊開始，一路從國小、國中、高中打到大學，我的身邊從來不乏比我優秀的同儕，但離開棒球路的也數不勝數。

堅持棒球路，很難，一路從底層過關斬將打上金字塔尖端真的很艱辛，你一定會碰到很多挫折，可能會有家人反對、一定會碰到技術瓶頸，也會有環境限制和競爭下的淘汰，就算具備超高資質，也不保證一定能打進職棒，就算天資平凡，也未必不能透過勤練取得成功。而如果真的突破重圍順利打進職棒，也要時時警惕自己，夢想不是跨進窄門就算達成，這只不過是剛開始而已。

我的身材條件普通，雖然有點天份，但這種天份跟我棒球生涯遇過不計其數的天才選手相比根本不算什麼，要能在各層級的競爭下生存，需要先找到自身的小小優勢，然後盡一切努力把它發揚光大，我們不一定能當最出眾耀眼的，但絕對可以當最努力的。

感謝上天讓我遇到棒球，讓它成為我的興趣，一路走來都能做自己喜歡的事情，甚至後來能夠把興趣跟職業兩者結合，對我來說這是天底下最幸福的事情！回顧自己的職棒生涯，我很高興自己在還能當選手的時候，做任何事情都有用百分百的心力去應對，在選手生涯結束的那一天，我可以驕傲地說，自己沒有愧對當初的選擇，這樣就夠了。

一個職棒球員，如果能順利在聯盟中生存，隨著比賽、訓練，年復一年做同樣的事，時間會飛快流逝，回想職棒生涯，才覺得自己是個剛加入球隊的菜鳥，一眨眼十多年就這麼過去了，像一顆球通過好球帶那麼快！棒球場上充滿許多變化，跟人生一樣充滿未知數，我們能做的就是把握當下、享受當下。

身為一個運動員不會是順順利利的，人生和球場一樣會有高低起伏，碰到困難時不要自怨自艾，要想辦法克服，選手們是這麼做，中華職棒也是。剛進職棒的時候我經歷過聯盟的低潮期，當時場邊幾乎沒有觀眾，後來經過十多年的努力，觀眾席逐漸熱絡，又有滿場、又有主題日了，有大量的球迷願意持續進場為我們加油，如今的環境真的比當年進步很多，希望每個世代的選手都可以珍惜臺灣的棒球環境，一起努力讓它一天比一天更好，因為這是我們自己家的職棒，是無論你今天過得怎麼樣，都會陪伴你度過晚餐時光的中華職棒。

／作者序

作者序

不惑的約定

——卓子傑

二〇〇九年是我在中華職棒球團工作的新人年，雖然此前我任職廣告公司時就已經負責 La new 熊的廣告文案製作，但〇九年初才是我真正踏入職業運動行銷工作的起點。

我入行後認識的第一個朋友是一個皮膚黝黑、來自屏東滿州鄉的外野手，他外型亮眼，但卻有著和長相不搭的可愛鄉音；他的名字叫詹智堯，是一個二十六歲的職棒大齡新人。

他年紀比我小三個月，念書時同屆，進入球隊後又是職場同梯，兩個菜鳥在數次球團活動的互動間成為好友，在和他攀談前，我刻板印象認為帥哥大都很難相處，直到我發現他會學豬哥亮說話，才知道這傢伙真是一個純樸又不做作的好人。

他加入熊隊那年，中華職棒二軍的發展逐漸健全，他除了要向隊上剛打出生涯年的超級中外野手黃龍義發出卡位挑戰，更要在普遍比他年齡更小的新人群競爭中脫穎而出，方能於人才濟濟的暴力熊打線掙得一席之地；我的處境亦然，身為一個沒有運動行銷背景的菜鳥，我必須構思前人未有的行銷專案，才能快速證明自身的價值。

兩個年齡、處境、興趣都相仿的菜鳥，自然而然成為無話不談的好友，他會跟我分享在職棒修羅場奮戰的心路歷程、我則跟他交流行銷公關的趣聞和選手形象包裝的經驗，跨領域教學相長；當然，我們也會聊手錶、正妹，以及一些男人間會閒扯的話題，在高雄時，我跟他和泰龍，還會相互介紹哪家髮廊的設計師技術好、長得又漂亮。

我在球隊當然還有其他朋友，但好幾個在二〇一〇年的檢調約談後消失了，一股震驚、心痛乃至於憤怒的感受，那幾年一直壓抑在我心中，在那個隊友間不敢完全互信、從業人員也難以明辨誰是真正清白者的渾沌年代，詹智堯是我堅持從事這份工作的心靈支柱，他本就是米迪亞事件中少數的倖存者，所以格外珍惜虎口餘生後的職棒舞台，在中華職棒讓人心灰意冷的低潮期，是他讓我覺得「只要還有這樣的選手在，我做這份工作就有價值。」

從認識他以後，每次見面或通電話時，我都會問他今天有沒有上歐打（先發）名單，然後半開玩笑半認真地說：「加油啊！三割、金手套！三割、金手套！」意指要他以單季三成打擊率和金手套獎為目標，每次聽到我這麼說，他總是燦笑著回道：「哪有那麼簡單。」

他打職棒時已經二十六歲，我曾跟他約定「你就湊整數打到四十歲，然後看能拿下幾座金手套獎，希望我那時候出了一樣多本的書，到時候有能力幫你寫自傳！」如果當時有旁人聽到我們的對話，大概會覺得那是癡人說夢吧？

做為一軍主力打到四十歲，以中職選手平均年資而言本就困難，對職棒起步晚的智堯而言更是天方夜譚，「打到四十歲、拿下金手套、合作出自傳！」儘管嘴上說不簡單，但我們都不是空口說白話的人！而今回首十四年職棒生涯，歷經 La new、Lamigo 到樂天桃猿，最後在富邦悍將畫下句點時，他正好年逾不惑，並且豪取五次外野金手套獎，還曾締造四連霸，他是桃猿八年內六度奪冠時中外野最安定的存在，也是桃猿王朝的骨幹核心。

我很榮幸也很驕傲地可以和這樣一位超級好朋友一起實現不惑的約定，在我們都年逾四十歲時，他絢爛的職棒現役生涯畫上句點，而我可以成為那位執筆者，為他的自傳落款。

智堯，謝謝你的十四年職棒生涯，祝你在退役以後有更大、更精采的舞台！

楔子

二〇一二年十月十八日，桃園。

時序進入深秋，冷冽的秋風襲來，人煙罕至的中壢青埔夜晚顯得更為荒涼，但坐落於領航北路上的桃園國際棒球場內仍然燈火通明，滿場一萬兩千八百名球迷的吶喊應援聲勢震天！這是二〇一二年中華職棒臺灣大賽第五戰，以三勝一敗取得聽牌優勢的 Lamigo 桃猿只要再拿一勝就可以奪得主場北遷以來的首座冠軍；他們在自家主場帶著三比二的領先來到九局上半，而對手正是過去五年來兵強馬壯，讓他們飽嘗鎩羽滋味的死敵——南霸天統一獅。

此時站在投手丘上的是猿隊的外籍終結者菲利浦（Paul Philips），即使已經入秋，斗大的汗珠依然不斷從他額頭與鬢邊滲流，這個冠軍系列五戰中他已是第四次登板，前三戰拿下一勝、兩救援的成績且場場跨局後援，此時雖難掩焦躁與疲憊，但仍需肩負為總冠軍賽收官的重責大任。此戰他依然從第八局就提前登板，但在最後一個半局他面臨一出局、二壘有人的緊張局勢，他首先展現K功，用速球三振掉具備長打實力的鄧志偉，二人出局，此時場邊的猿迷已按耐不住躁動的情緒。

菲利浦的投球漸漸有上飄的趨勢，捕手黃浩然為求謹慎，兩度起身示意他將球壓低，此時輪到統一獅隊有大賽英雄命的鐵捕高志綱，他相準菲利浦偏高的直球敲出中外野方向又快又急的強勁平飛球，壘上跑者見狀發足狂奔，眼見就是一支即將落地的追平安打，此時主場猿迷心中不約而同的浮上一個念頭：「莫非又是高志綱？」

球被擊出！高速飛越內野向外疾射，滿場球迷先是發出哀號，旋即轉為驚呼、而後瞬間陷入瘋狂！

因為桃猿隊中外野手在電光石火間快速移位向前，以蒼鷹俯衝之姿將急墜的小白球牢牢箝制在他右手腕上的黑色手套，衝刺、撲接、滑行，完美落地！二壘審布萊恩在確認後舉起了接殺出局的手勢，一錘定音，比賽結束！中外野的終結者絕殺了統一獅的連霸美夢，滿場觀眾尖叫嘶吼，驚喜交織，水藍色的彩帶如瀑布般傾瀉，外野圍牆後方綻放出火紅色的冠軍煙花。

這時，拿下最後一個出局數的中外野手，依然享受著俯臥草地上這美妙的一刻，鼻中充盈著再熟悉不過的外野草皮氣息，他緊握右手的手套，再次確認那顆本將成為追平安打的縫線球仍然牢牢握在裡面動也不動，就好像此時對手木然的神情。

在隊友衝向外野抱起他的數秒內，他的腦海裡閃過無數畫面，在與棒球相遇至今的二十年，從離鄉背井到不被重視，從拒絕職棒到超齡挑戰，從茫然到確信，他面對過無數的嘲諷、揶揄與質疑，如今終能煙消雲散。

「我們終於做到了！總冠軍是我們的了！」那一年，他將滿而立，二次榮膺外野金手套獎，準備邁向生涯顛峰，他用被稱為「冠軍接殺」的守備美技終結了統一獅隊的霸業，同時揭開了 Lamigo 桃猿八年內六次奪得總冠軍的王朝帷幕。

他是詹智堯，一個在儒雅內斂的外表底下，有著堅毅性格的棒球選手，這是他在平凡中造就不凡的人生故事。

/ 目 次

CHAN CHIH YAO

／ 第 1 章

CHAPTER ONE

雛鷹展翅

九零年代，國境之南，屏東滿州。

與近鄰墾丁的名氣相比，滿州鄉顯得有些籍籍無名，但這段東海岸延伸至臺灣最南端的小小鄉鎮，有著許多罕為人知的秘境：滿州港口村的佳樂水海岸，猶如天然的地科博物館，奇岩怪石星羅密佈，讓人觀之不禁讚嘆造物者的鬼斧神工。

滿州鄉四面環山屏障的河谷地形是極佳的避風處，因此成為著名「國慶鳥」——灰面鵟的夜棲地，每年臺灣國慶時節，西伯利亞南飛的灰面鵟群會陸續飛抵臺島，滿州鄉正好位於其遷徙的路線，也因為地形條件的優勢，成為鷹群重要的棲息地；每年十月，萬里晴空下鷹揚千里、翺翔俯衝，勝景蔚為壯觀！

這裡沒有城市的喧囂，沿著山腰的道路望去，沿途三兩住家，一群皮膚被烈陽炙烤的黝黑的孩子們手拿冰棒，一邊往山裡奔跑一邊大聲歌唱，這就是詹智堯的童年寫照。

分屬偏鄉，滿州沒有大都會的城市便利，但山林湖海的自然景觀與生態特色卻孕育出含蓄但不落拘謹的人文風情，這個環境是塑造詹智堯人格特質的起點，他後來在聚光燈下的公眾形象—羞澀、質樸、純粹、專注與堅持，都是童年於家鄉打磨出的本色。

智堯的爸爸是閩南人，媽媽是臺東阿美族人，他有二分之一的原住民血統。

奔馳於球場以前，他是個在響林村滿山跑的孩子，如前述的場景，皮膚黝黑、身材纖瘦的智堯，與玩伴在山林間追逐嬉鬧，那個畫面呈現在眼前，可能很難想像他未來會

與爸媽和哥哥，在純樸的滿州鄉度過最快樂的童年時光。

是一位萬眾矚目的職業球員。

說起來，他與棒球的結緣甚早。

在詹智堯三歲的時候，他爸爸就會帶他和哥哥到高雄立德棒球場看棒球賽，那時是一九八〇年代中期，還沒有中華職棒，他們都是看中華隊的比賽，在家也會聽電台轉播，平常閒暇爸爸也會陪兄弟倆玩傳接球。

後來中華職棒成立，父母也曾帶他去看中職比賽。職棒草創初期，觀賽管制不如現在嚴謹，球迷又都很兇悍，往往不爽就把東西往場內丟。「我記得有一次看時報鷹的比賽，我跟家人坐在外野，比賽結束時外野球迷又朝場內亂丟東西，覺得有趣的我有樣學樣想把手上的加油棒丟進去，當時我爸媽一把制住我，然後告誡我說：『不要做這樣的事』我才知道這樣做很不尊重棒球比賽。」

除了棒球，國小時因為喜歡看漫畫《足球小將翼》，詹智堯也喜歡踢足球，國小操場有足球球門，反倒沒有經費修理壞掉的籃框，下課十分鐘的娛樂就是踢足壘球，因為學校沒有籃框，所以他從來沒打過籃球，棒球是詹智堯童年期間最常接觸的運動。

滿州國小充滿著自由的空氣，那是打棒球最沒有壓力的時候。

受到父兄影響，詹智堯從國小起就熱愛棒球，一群小朋友常相約在鄉間空地投打對決。比詹智堯大兩歲的哥哥率先加入滿州國小少棒隊，當年滿州少棒隊沒有正規訓練，教練是體育老師兼任，滿州國小全校六個學年加起來也只有一百多人，組隊就是為了湊人數參加比賽，沒有遴選標準，只要報名就可以參加，人數夠了以後就去打滿州、長樂、永港和九棚四個國小間的比賽。

滿州國小人數少、校舍也少、沒太多玻璃可以被打破，師長們也不太會去約束學生打棒球，校園內充滿著自由的空氣。「我國小的少棒隊規定四年級後才能加入，那時候體育老師來問『要打棒球的舉手』，我很想參加，但我最好的朋友不想打棒球，我怎麼『盧』他都沒用，因為沒伴我也不想獨自加入，後來只好自己生悶氣，當時在場邊準備練球的學長看到我在哭，就幫我跟教練說我想加入球隊，就這樣展開了我的少棒之路。」

當時他還沒有穿著大家所熟知的八號球衣，守備位置也不是外野。雖然這支球隊參加全國少棒聯賽分區預賽幾乎場場被「扣倒」（註：分差過大提前結束比賽），但對詹智堯來說，這是他棒球生涯最沒壓力、最快樂的時光。他也曾偶爾客串投手，當年沒特別練習，也不會什麼球種，純粹能投進好球帶的人比賽時上場投進去就好，教練是體育老師，沒有專業技能指導，但也不會給小朋友勝負壓力和過勞訓練，就是學習團隊合作和運動家精神，並充分享受棒球的樂趣而已。

「我國小穿三號球衣，守內野游擊，當時球隊的人少，只要速度快、運動能力好的隊員就會優先守中線內野，因為這些位置很吃速度和敏捷，過去每天在山裡跑，我的運動能力在國小算是很好的，直到後來打科班棒球，碰到愈來愈多天賦異稟的體能怪物，到國中才轉守外野。國小打到屏東縣運賽時，我爸媽還特地開車從滿州開到屏東市來看我比賽，結果看到我們被復興國小『扣倒』。但是當時打棒球很快樂，完全沒壓力，就像課後活動，不影響上課時間，我們只在七、八節練球。我國小的學業成績其實不錯，不是不會念書的小孩，加上我少棒時的棒球水平跟素人沒兩樣，一開始真的沒想過以後會繼續打球，可能跟我哥一樣吧！打到國小畢業後就不打了。」

現在回想起來，詹智堯走上科班棒球的道路，確實是命運的安排。

詹智堯的老家滿州鄉是觀光景點，很多內行遊客會來這邊住宿，再一路玩到墾丁；小時候他家裡開過民宿，會去他家住宿的都是家人認識或經由朋友介紹，通常是要去旭海、佳樂水觀光的遊客。詹家的後山就可以看到灰面鵟，甚至吸引了很多人慕名而來。童年時期除了跑山玩耍，就是幫家中打掃房間，更換床單、枕頭套。

後來因為父親經商失敗，詹家出現債務問題，祖父早年留下來的農地遭到法拍，經濟情況大不如前，家中不時有債主找上門。突如其來的經濟變故，不只影響了詹智堯的家庭，還進一步改變他的人生。首先是父親為了不影響家人，離開滿州鄉到高雄居住，母親則因在滿州還有衛生所護理師的工作所以留下，為了讓孩子能有安全的升學環境，媽媽主動詢問詹智堯國小畢業後要不要住校打棒球，當時年紀雖然還小，但詹智堯隱約能察覺家中狀況的改變，加上自身確實很喜歡棒球，既然媽媽都主動提了，當然沒有拒絕的理由。

不是詹智堯選上了棒球，是棒球選上了詹智堯。

既然要打球，國中要讀哪一所學校？當時長輩曾探詢過美和中學和鶴聲國中，美和是傳統棒球強權，競爭非常激烈，而像詹智堯這樣在少棒時期沒有任何突出表現的選手基本上是毫無機會的；反倒是鶴聲國中青少棒隊當年正施行廣納群才的政策，只要有意願就可以入隊。

鶴聲國中棒球隊成軍於一九九〇年，是以復興國小少棒隊潘忠韋這屆畢業生升上國中後為主體所創建，在林省言教練的帶領下，一九九二年就拿下世界冠軍，成為屏東十分有潛力的三級棒球學校。

在廣招政策下，詹智堯入學那年有六十個跟他同屆的新生入隊，作為主力陣容的二、三年級生則有二十餘位，鶴聲國中—屏東高中系統的計畫是透過擴大招生從中尋找可造之材，在數年內打造出南臺灣的棒球強權。

從加入鶴聲國中青少棒隊開始，詹智堯離開溫暖的家庭，展開軍事化的集中訓練管理生活，鶴聲國中和屏東高中不僅是同一個教練系統，也共同住宿在屏東球場內，球場三壘側的建築是屏東高中青棒隊的宿舍，一壘側就是鶴聲國中青少棒隊的宿舍，小選手們住進球場宿舍，所有人一起睡大通鋪，過起一同吃飯、洗澡、睡覺、練球的團體生活。

鶴聲的學長學弟制很重，國中部各年級都有各自的隊長在管理，隊長有權限對同屆隊友進行體罰，國一剛住校的某天宿舍就寢時間，因為當地舉辦廟會沿街敲鑼打鼓，詹智堯年紀還小不懂，聽到聲音自然的爬起來看熱鬧，結果被國一隊長叫下床做交互蹲跳；只要不好好睡覺，隊長就會叫所有新生用伏地挺身的姿態一直撐著，撐到眾人不敢再犯才讓大家回去睡覺。可怕的學長不只存在國中部，高中部的學長有些更誇張。國一時因為實力不夠，分在B組的人沒有教練會來指導，都是屏東高中的學長來帶隊，學長如果當天無聊或心情不好就會設法亂玩學弟，有一次，屏中帶隊的學長又發瘋，叫B組隊員在內野爬行，然後學長就開始打Logu（滾地球守備練習），當做打地鼠遊戲在玩！詹智堯等一群B隊的地鼠只能一邊閃球，並趁學長不注意的時候爬起來逃跑，跑到主球場那邊找教練求救。

幸福溫暖的家來到棒球集中營，乏味的基礎訓練加上學長的瘋狂體罰，小朋友難免產生嚴重排斥感，但詹智堯當時心想：「打棒球是自己的選擇，既來之、則安之。」

與多數棒球選手的故事不同，詹智堯的棒球路完全沒有來自長輩的阻力，他的挫折感主要來自球技的進步緩慢。在廣招政策下，他入學時的同屆競爭者多達六十位，加上學長後全隊近百人，新生被依照資歷表現分為A、B兩隊，A隊可以隨學長們一起訓練、比賽，B隊只能一直持續加強基本體能訓練。

是的，訓練！進入科班棒球和少棒時期最大的差異，首先就在於訓練量的大幅提升。國中開始，詹智堯初次接觸長期且大量的訓練，上午六點開始晨操，七點半回教室上課（而且不能遲到），到下午三點下課後繼續進行午後體能練習，傍晚吃飽稍憩片刻，晚上八點繼續夜間訓練，一天絕大多數的時間都在練習，與過去小學課後活動的性質大相逕庭。

國小畢業時身高不足一百六十公分的詹智堯，先天條件就不比他人，在少棒時的訓練又幾乎等於素人，所以必須從頭打基礎，他每天都有跑不完的步、揮不完的棒，練到全身痠痛，但不管是身材、體能或技術都跟不上學長和同學。

練習苦不足為懼，跟不上別人也不是最可怕的，但令人恐懼的是愈打愈沒成就感的茫然，不知道自己日夜苦練究竟有無進步。

「舉個實際的例子，那時候光壘包與壘包間的傳球，我的力量都不太夠，底子跟其他隊友根本沒得比。國中三年我幾乎都待在B隊，A隊在屏東主球場訓練和比賽，B隊只能在後面的附屬球場做基本訓練，像是丟球、接高飛球這些，教練會觀察選手能力和進步程度，決定誰可以上A隊，在A隊的絕大多數都是二、三年級學長，跟我同屆的新生，只有像林家煌（林省言教練之子）因為家學淵源，在入隊時就很有水平，也是少數能直接進A隊的一年級新生。國中我很少被報名列入比賽名單，二、三年級A隊進行比賽時我常常沒入選，假日A隊在練球，我常已經換便服準備放假，但每次經過球場，看到A隊隊友遠遠呼喚我：『欸！堯仔，練球了啊！』我都還是忍不住又換回球衣，把握機會跟著A隊一起練習。」

自從國中住校後，詹智堯很少回家，長年身處B隊的他每當媽媽問起：「怎麼都沒聽你去比賽？」時，他只能笑著用「學校沒有報名比賽」的理由搪塞回應。為了不讓家人擔心，他從沒把放棄棒球的念頭宣之於口。

「當年資訊來源不多，訓練方式也比較傳統，總之我就是傻傻跟著大家練，當感受不到進步時，挫折感真的很重，但我就是一直告訴自己要好好上課、好好練球，練習很苦，有時想家會想哭，但我不會表現出來讓家人知道，因為只有我在這裡好好的，家人才會安心。」

國中時期作為萬年二軍，除了基礎練習，大多時間都在打雜，打掃、拔草、掃廁所，但詹智堯在這個時代還是有一些有趣的回憶。

「那時晚上娜魯灣聯盟的職棒比賽會在屏東球場打，我們會去當球僮，我當年很呆，有一場高屏雷公隊的比賽，二壘有人，打者打了一個游擊方向滾地球，游擊手傳一壘時暴傳，補位的外野手接球長傳回二壘要殺跑者，結果發現有一個球僮正在撿球棒，那就是我！我沒留意比賽狀況就傻傻的衝上去撿棒子，抬頭才驚覺回傳球正直朝我飛過來，我只記得主審瘋狂揮手吼著『快滾開！』後來好險沒被打到。同一場比賽還有一件很好笑的事，當時下位打者是雷公隊的路易士（Luis SAntos，前兄弟象傳奇洋砲，後轉戰娜魯灣聯盟），他因為要負責指揮隊友跑壘，所以把自己的球棒先放旁邊，結果我把前一個打者和他的球棒一起收走了，換他要打擊的時候他找不到球棒。」

「我國一同期的新隊員有六十人入隊，到我國三畢業時只剩下三十個，淘汰超過一半，有些人是因為打不出成績被家人逼退、有些人是覺得每天被操又只能打雜，太枯燥又沒成就感，就放棄不打跑去玩了；我不知道自己算不算幸運，我家人完全不反對我打球，也不逼我一定要打出成績才能一直打，我雖然基礎不好，但卻很能忍耐，本來就沒有技術也沒有經驗，如果連堅持都做不到，那就真的什麼都沒有了。」

即使在挫折感最重的青少棒時期，詹智堯也沒想過放棄，但鶴聲國中三年間，他的技術水平頂多只能算從玩票性質到初窺門徑。國中時期缺乏上場機會和比賽資歷，讓高中棒球名校對他一無所知，也因為從來沒有進入過全國比賽的名單，詹智堯無法進入屏東高中就讀，當時兼任屏東高中和鶴聲國中棒球隊教練的林省言，建議詹智堯先到華洲工家職校就讀，一邊練球一邊準備重考。

回憶當時，詹智堯說：「國中畢業後，也不知道何去何從，我家人有跟林省言教練討論，他建議我先找一個可以繼續打棒球的學校然後一邊重考，所以才先去華洲工家。」

重考那年，棒球之神的眷顧開始降臨，先是屏東高中青棒隊經過一九九七年涉嫌金龍旗放水的醜聞後險些解散，雖然保住校隊，但隔年就提升了入學成績門檻，比詹智堯大兩屆的林敬民就是在這樣嚴苛的條件下苦讀考進屏中，但入學的高門檻導致球隊人數不足無法參加比賽，校方無奈只好在隔年起又降低球隊招生標準。

另一項利多因素來自詹智堯本身的蛻變，國中畢業後他的身高終於明顯長高，隨著身材發育，速度和力量也有顯著提升。「在華洲就讀那年我的身高從一百六十七公分長到一百七十三公分，配合體能訓練，力量、速度都有明顯進步，丟球、打擊也慢慢開竅，國中那些讓我感覺遙不可及的同學們，在華洲通勤到屏東球場跟他們一起練球的那年，我感覺到自己好像慢慢追上他們了。」

隨著身體和技術的提升，學科成績不差的詹智堯，終於如願考入屏東高中青棒隊！但因重考比同齡人晚一屆進入青棒的他，需要更大幅度的躍進才能夠受到教練青睞成為球隊的不動主力。

屏東高中，南臺灣的紅色閃電，除了因球衣主色而得名，亦熱中於速度戰的運用，在三級棒球生涯中，屏東高中青棒隊時期是詹智堯感受到自己進步最為顯著的階段。

「高一時前時報鷹的選手黃俊傑曾經來屏中擔任客座教練，我印象最深的是他很要求在球場上的態度，不管是比賽、練習還是收操時，只要人站在場上，就算很疲倦也不能慢慢走；有一次打擊練習結束我們在撿球，我們在場上動作有點慢，馬上就被黃教練訓斥，他把已經撿好的球全部弄翻叫我們再去重撿，他要告訴我們在球場上不論何時都要有精神，不能顯現出散漫的模樣，無論多累精神都要『ㄍㄧㄥ』出來，如果有人盯著看都『ㄍㄧㄥ』不住，那私底下沒人盯就更不可能逼自己突破了。」

苦練的成效隨身材的發展開花結果，詹智堯高一起終於能進入比賽名單，高一那年屏中打進高中棒球聯賽前八強；高二那年詹智堯固定成為主力選手，在一場對決強權善

屏東高中青棒隊時期，是詹智堯在三級棒球路上進步最顯著的階段。

化高中的友誼賽中，他從對方王牌投手鄭嘉明的手中敲出一支二壘安打，就在球擊出的那一瞬間，他明確感受到自己在技術方面的成長，這是奠定他自信的一擊！他透過實戰中驗證，自身的技巧和身體素質是如何逐步超越過去的同儕和學長。

高二大躍進的關鍵因素，來自於陳宗世教練的訓練和提點。詹智堯升上高二那年，曾打過娜魯灣聯盟的職棒退役選手陳宗世來到屏東高中擔任教練，陳教練帶來的職棒訓練方式讓詹智堯大開眼界，也確實提升了他未來的發展空間。

首先是體能訓練強度的提升，早上晨操的時候就先跑五公里，而且並非慢跑，而是以全速方式來加強體能；在打擊練習上，屏中也在陳教練的執教下開始嘗試與過往不同的方式，在陳教練來以前，球隊的打擊練習只進行「Toss」練習（備註：Toss是餵球者輕輕將球投給擊球者，而擊球者輕鬆揮棒輕擊為滾地球打回給餵球投手，依此反覆循環；這樣的練習旨在將該有的揮棒動作做完整，重點放在練習抓正確擊球點和控制球棒的能力，如果擊球點錯誤或動作不當，Toss練習時就會無法循環反覆，是一個很好的打擊中階練習）；陳宗世教練則帶來了「Long Tee」打擊訓練，在這樣的練習中，打者不只要在揮棒時掌握良好擊球點，更要進行完整的揮棒力量釋放，Long Tee的訓練目的是要看擊球的飛行距離，餵球者要將球拋在打擊者最佳的擊球位置，而打者則盡可能的全力揮棒將力量完整釋放、將球帶遠，在練習過程觀察擊球飛行距離的差異，來看自己的力量是否不足，後續再依此加強肌力和爆發力訓練。

在守備面，陳教練也讓外野手做了更多的長傳、長距離遠投練習，國中選手因為身體發育尚未健全，傳球力量當以個人極限為主，不再另行挑戰拉長傳球距離，但隨著高中年齡層的身體強度提升，青棒選手可以繼續挑戰個人臂力極限，循序漸進拉長傳球距離，刺激肩、臂力發展。

除了結合上述訓練時相應的重量訓練外，陳教練也指導了如何運用身體連動的方式輔助傳球，如助跑和身體細部的微調，幫助外野手全力傳球時能夠讓球精準抵達目標，詹智堯正是在這個階段，在身體素質、體能、技術及觀念層面都有全方位的躍進，也站穩屏東高中不動主力的位置。

詹智堯成為先發主力以後，屏東高中的團隊成績愈來愈好，二〇〇〇年，就讀高二的詹智堯在陣的「紅色閃電」在全國青棒聯賽中取得亞軍佳績，冠軍則是陳鏞基領軍的「綠色怪物」高苑工商。

隔年王貞治盃，是亞洲青棒錦標賽的國手選拔賽，（以屏中為主體的）屏東縣拿到第三名，詹智堯得以和第二名（以南英為主體）的台南市共同組隊去打中華亞青盃藍白培訓賽，最終在七戰四勝制的選拔賽中，他所在的培訓白隊擊敗本來廣被看好的培訓藍隊（以高苑工商為主體），詹智堯也順利成為亞青盃國手，這是他棒球生涯中披上國家隊戰袍的初體驗！

關於這屆亞青盃，除了中華隊最後勇奪冠軍，還有很多趣事值得一提。

● 首次披上中華隊戰袍，詹智堯選擇的球衣是七號，而不是八號，因為他覺得七這個數字很幸運，後來這個號碼伴隨他進入臺灣體院就讀，直到畢業前都沒換過號碼。

● 當時的國手陣容星光熠熠，投手有高苑工商兩位未來旅外的強投鄭錡鴻和羅錦龍、外野有詹智堯，還有後來與他在職棒兩度成為隊友的陽耀勳，內野手則有黃仕豪（後改名黃泰龍）、胡金龍和陳鏞基，這也是國家隊黃金二遊搭檔「金鏞連線」的初次攜手合作。

● 當時內野除了金鏞連線和黃仕豪這幾位金手套等級的好手外，還有一位內野手後來很有名，但他後來並非以職棒選手聞名，而是成為中華職棒的著名裁判，他的名字叫吳家維。

● 本屆賽事還有一位旅外球員，他就是當時攻擊火力凶猛的外野手陽耀動，他在亞青盃以三轟奪得全壘打王，但四年後卻是以投手身份跨海加入日本職棒福岡軟銀鷹隊。

● 這是臺灣首次承辦亞青盃賽事，更是中華隊首次拿下冠軍，當時中華隊的隊長就是詹智堯。本來一九八三年出生的陽耀動一直以為自己是陣中年齡最大的國手，但後來一比較後才發現詹智堯比他大了二十天，最後詹智堯就以最年長之齡成為本屆中華隊的隊長。

● 這屆亞青盃在天母和新莊球場進行，但適逢北臺灣季節交替多雨，賽事數次受雨影響，甚至讓主辦單位以多套賽程進行緊急應對，直到九月四號中華隊以二比〇完封日本隊拿到冠軍才圓滿落幕。時任臺北市長的馬英九先生親手將亞青盃冠軍獎盃頒給中華隊長詹智堯時，全場球迷一如過去的高喊「我們要巨蛋！」馬市長也在媒體採訪中允諾會盡快催生巨蛋。轉眼廿年過去，臺北市歷經六任共三位市長更迭，巨蛋能不能打棒球，仍然是個難解的習題。

臺灣體院　公牛歲月

托亞青盃奪冠的福，以詹智堯為首的這批中華隊國手擁有大學甄審入學的機會，當時不少棒球名校提出邀約，像文化大學、國立體院、臺灣體院等，那年在臺北打完亞青盃後，詹智堯看了年底同在臺北舉辦的世界盃棒球錦標賽，也就是陳金鋒對日本單場雙響砲那一屆賽會，當時中華隊的總教練就是臺灣體院的林華韋，因為受那年世界盃中華隊表現的感召，詹智堯決定前往臺灣體院就讀。

當年林華韋還是臺灣體院（富邦公牛隊）的總教練，受日式教育影響，治軍風格非常

臺灣體院對詹智堯來說是一段充滿歡樂也帶來蛻變的時光。

嚴謹，場內外都不能嘻皮笑臉，要時刻繃緊神經，不管比賽還是練習時，面對每顆球都必須專注；他看到剛入隊的大一新人王勝偉跑一壘時嘴巴會開開，林華韋以為他在笑，就在場邊怒吼：「笑什麼笑，不准笑！」詹智堯在外野練接球發生失誤時，也會立刻聽到從休息區傳來的叫聲：『那是誰啊!?』到現在詹智堯都還記得那個聲音。

而當時跟詹智堯同年加入臺體的大一新生，除了亞青盃的隊友吳家維，還有成功商水畢業的王勝偉，他們兩人是詹智堯臺體時期最要好的朋友，大學期間一起留下不少有趣的回憶。

吳家維陰錯陽差入臺體

吳家維加入臺體是陰錯陽差，他跟詹智堯一樣是二〇〇一年亞青盃冠軍隊的國手，也可憑藉甄審入學選擇自己想去的學校。他本來真正想讀的是林口的國立體院（臺灣啤酒隊），填好志願後他隨國體棒球隊去日本集訓，結果國體的龔榮堂總教練問他：「家維啊！你……到底是填哪一所學校啊？」那時已經隨隊到日本的吳家維回答：「國立體院啊！」龔榮堂教練說：「你填錯了喔，你填的學校是國立臺灣體院喔！」

結果吳家維填錯學校不能入學，只能從日本返國，加入自己錯填的臺灣體院和詹智堯當了同學，這也算是一種難得的緣份，只是詹智堯一直不知道當年他往返日本的機票錢是不是只能自理。

重訓室偷懶事件

詹智堯、王勝偉和吳家維訓練時都很認真，儘管臺體練球的時間很長，但結束以後他們還是會留下來特打；有一年校隊去左營移訓，有一天早上要做重量訓練，因為吃完早餐沒多久，詹智堯覺得有點昏昏欲睡，於是他請旁邊的隊友如果看到老師來的時候叫他一下。

「我當時躺在仰臥起坐的仰臥板上，想說躺上面休息很方便，當時覺得自己真聰明，老師一來我還能馬上撐起來裝在做仰臥起坐；不知道過了多久，我突然被人踹了一腳！才想問是誰，張開眼睛一看，結果是林老師踹的！撇頭一看吳家維跟王勝偉已經站在旁邊了，可想而知他們兩個應該也睡著了。老師很生氣的問為什麼在睡覺？我說我只是瞇一下，吳家維說『剛吃飽』、王勝偉則拉著眼皮說『眼皮很重』，我看到他那樣子忍不住想笑，心想：『你是用眼皮在做重量喔？』當然免不了又是被老師一頓臭罵。」

休息室唱歌事件

林華韋的治軍嚴謹不僅在球場上，連在休息室選手也不能放肆。詹智堯大三那年，有一次王勝偉在休息室裡高歌，唱了一曲〈黑色幽默〉，唱完以後他身心舒暢的走到外面做操去了，結果林華韋聽到有人在休息室唱歌，便生氣地集合大家查問是誰在唱。當時王勝偉一直以為林老師要抓的人不是他，因為他先離開休息室了，想說老師應該是後來聽到裡面其他學弟在唱，所以當下也沒承認。

眼看查不出人，另一個球隊學弟傻傻地問：「老師！你聽到的是不是周杰倫的歌？」林華韋又好氣又好笑，怒道：「我哪知道是誰的歌！」

數年臺體歲月，這群活寶的趣事數不勝數。

有一次比賽臺體輸給剛成軍的吳鳳大學，林華韋處罰全隊理平頭，連鬢角都不准留，因為那樣戴帽子也遮掩不了看起來很矬的造型，，結果理完平頭後，學弟增菘瑋為了遮醜，用麥克筆幫自己畫上鬢角，還以為這樣就不會被發現！

「我和臺灣體院的好友在大學期間不只是一起打球，我們學校對學業要求很嚴格，是真的要很認真念書才能拿到文憑，很多體院生因為晨操很累就忍不住翹課，但我們不會，除了練球，我們也會督促彼此要好好念書、考試、交報告，不只球場不見不散，在考場上也要能一起 All PAss！在接近中職生涯後期，同期的臺體好友陸續淡出職棒圈，每當我和勝偉碰到家維站主審的比賽賽前，我們都會開玩笑的比個壘球大小的圓圈，然後跟家維說：『同學，人不多了，好球帶小一點啦！』二〇二二年我和勝偉轉戰富邦，我也幾乎成為全職教練，碰到家維執法時我還是會跟他開玩笑：『同學，好打一點，只剩最後一個（勝偉）了。』」當然這只是開玩笑，上了球場以後，身為主審的他還是明算帳的。」

生活細節與自我管理

臺體大棒球隊的作息是每天五點半起床，六點晨操到七點，然後八點有課要準時去上課，詹智堯同寢室共有五個室友，除了他自己之外，還有王勝偉、康哲瑋及學弟增菘瑋和林柏佑，室友間平常會互相提醒起床，很少有同時睡過頭的情況，但有一次大家前一天練球真的太累，五個人一起睡死，最後是林華韋老師要學弟來把他們叫起來。

到了球場以後，還是老樣子，大家排排站，林老師逐一拷問：「為什麼遲到？」前面四個室友都回答：「睡過頭」，詹智堯心想，我不能用一樣的理由，那太沒創意了，於是輪到他時他回答：「鬧鐘沒響」。林華韋聽到以後看了他一眼，接著問道：「鬧鐘沒響你就不能起來嗎？」

「不能！」詹智堯想了一下後答道。

「鬧鐘沒響你就不能起來嗎？」林華韋重複問了同樣的問題。

「不能！」詹智堯依然回答。

「鬧鐘沒響你就不能起來嗎？」林華韋再問了第三次，語氣愈來愈嚴峻。

此時詹智堯深深的感受到老師已經快要抓狂了，他趕忙改口答道：「可以！」

「對啊！只要有心想練，怎樣都會設法起床，鬧鐘沒響不是你的阻礙。」

當時詹智堯真的不懂鬧鐘沒響跟睡過頭這兩種答案有什麼區別，林老師幹嘛糾結在這點上刁難自己，直到後來進入職棒以後，偶然聽到好友黃泰龍說的一句話：「好的球員找方法，不好的球員找理由」，他才領悟當年林華韋要提醒選手的到底是什麼，是自己意志不堅所以才會睡過頭，不能怪鬧鐘沒作用，有心要成功，自己該去找方法，而不是找理由推諉自己的過錯。

人生各階段，詹智堯慢慢能體會林華韋的教訓內容有什麼深意，大學校園強調自主性，不像高中那樣凡事有人盯著按表操課，必須學會時間管理和自律，沒有人會強迫你成長，想要進步的人自我要求必須提高，俗話說大學是社會的縮影，大專棒球也是挑戰職棒以前，養成自律習慣的先修班。

在生活細節處都能讓選手體會自律的重要，林華韋教練在棒球場上的訓斥，更多次讓詹智堯在犯錯後獲得成長。

外野手的瞬間決斷力

有一場比賽，詹智堯守右外野，中外野是郭俊佑，球打到兩人中間，兩位外野手當時感覺都有機會接，但後來反而相互禮讓都沒接到，詹智堯當時以右外野的角度看認為撲出去可能會有機會接，但因為怕撞到郭俊佑所以就沒有明確的搶接。

換局時，林華韋老師馬上叫兩人過去問這個球到底接不接得到？

郭俊佑回答：「不能。」

詹智堯則是習慣性用臺語回：「一半一半。」

聽到這裡，林老師又發火了，他同樣用臺語回道：「能接就能接、不能接就不能接，什麼叫一半一半？」

如果是剛入學的時候，詹智堯大概心裡就是覺得「怎麼又要被罵了」，但隨著參與的比賽強度愈來愈高，他查覺到林老師在提點他守外野的訣竅，外野手當下的判斷要快、狠、準，當下立即要決斷，能就是能、不能就是不能，是自己該接的當仁不讓，不是你的就馬上讓，優柔寡斷會讓外野手間相互掣肘，嚴重一點可能會有相撞受傷的危險，外野手的瞬間決斷能力很重要。

解讀比賽的大局觀

大學時詹智堯回答問題有時不經思考，回答林華韋的問題常會惹他生氣，大專春季聯賽有一場對嘉藥的比賽，進行到後段臺體還落後一分，詹智堯上壘以後教練先下達盜壘的暗號，但隨後又取消掉，結果詹智堯沒看到取消暗號的指示照常起跑被阻殺出局，走回休息室的路上他才驚覺：「啊！剛剛好像有取消盜壘的暗號！」

回到休息區，林老師馬上問：「你知道盜壘暗號取消了嗎？」

當時腦袋一片混亂，詹智堯直接回答「知道」，但剛講完他就發現「啊！我講錯了！」他是盜壘失敗後走回休息室的過程中才發現暗號取消，而不是一開始看對暗號還故意亂跑。果不其然，聽到這個回答林老師就爆炸了，詹智堯被他念了整個半局，直到臺體的攻勢結束，他本來還在生氣，用臺語說：「啊！你下（場）啦！」結果不知道是找不到人換還是氣頭過了，他又把詹智堯叫回來改口道：「啊你上去啦！」

「內行球迷應該知道棒球比賽除了比技術，更比氣勢，那場比賽後來我們輸了，我那個跑壘失誤對球隊氣勢影響很大，一個暗號看錯變成自殺，不只是讓那局攻勢瓦解，整個球隊也像洩了氣的皮球，這種頹勢在比賽進行間很難輕易扭轉，更不要說是發生在比賽後段戰了。當時我還是個學生，不免有點小孩心態，犯錯當下只想到『真衰！又要被罵了！』沒能體察球場上的大局觀；打職棒後細細回憶，才對林老師的指導有更多領悟；當我自己也成為教練以後，我也會提醒選手心態不能再像個學生，職棒舞臺不能總抱持著『我這次作錯了下次再來就好』的觀念，作為職棒選手，應該時時自問『我還有多少下一次？』」

安穩或挑戰？臺電或職棒？

在臺體大的五年間，是詹智堯另一個脫胎換骨的關鍵期，如果屏東高中的成長主要在身體和技能，臺體大就是大局觀和解讀比賽能力的大躍進，而為他醍醐灌頂者，當然就是林華韋總教練。

詹智堯後來在職棒中以金手套名聞遐邇，但在業餘成棒時期，他的評價是攻擊能力更優於守備。

高中青棒球隊都打鋁棒，但擊球力道普遍較小，打到外野時守備較好判斷，大學成棒改打木棒，練接滾地、飛球時的感覺都截然不同，而打者都已經是身體發育完全的成年人，球打過來的力量也跟高中生截然不同，在大學業餘成棒時代，詹智堯的守備評價其實還不比攻擊能力優異。

林華韋曾經教育詹智堯，當一個好打者必須要先從選球開始，把好球帶鞏固好，不要打到壞球，才能提升擊球成功率。這個打擊觀念影響他很深，詹智堯從大學起更著重選球和上壘，找出自己的優勢，如contact（確實擊球）、選球和腳程，並且針對這些優點持續精進，讓自己在比賽時的優勢更為明顯。

經過臺體大的洗禮，詹智堯找出自己的選手風格，並實際將優勢展現於賽場上，大一後期他就成為富邦公牛的主力班底，不但在聯賽中多次斬獲獎項，也成為國際賽時中華隊優先徵召的常客，棒球生涯走到這個階段，擺在眼前的就是到底要留在業餘還是挑戰職棒的抉擇了！

若論業餘球隊，臺灣電力公司棒球隊與詹智堯最有緣。

「因為我高中重考過，屏中高三那年已經超過十八歲，超齡不能再打青棒比賽，當時很多屏中學長和同學已經先後進入臺電，像林家煌就是高中一畢業就直接去打臺電，我在高三超齡後，屏中教練介紹我去跟臺電一起練球，看之後有沒有機會留在那邊當正式球員。」如果當年一念之隔，詹智堯很可能會在臺電打到退休，大家也不會在職棒比賽上看到詹智堯。因為職棒在千禧年後第一個十年的發展並不穩定，而臺電棒球隊向來對選手而言是個安穩有保障的選項，當年即使是廣受職棒矚目的大物林益全，也曾在臺電與職棒間權衡良久。

臺電棒球隊在詹智堯高中畢業後就曾向他提出邀約，但當時詹智堯有亞青國手甄審入學的機會，父母建議他先念大學，詹智堯也從善如流地決定先取得大學文憑；大三時，詹智堯考到教育學程資格，「當時長輩的建議跟高中畢業時一樣，如果有升學機會就不要錯過，我也有同感，當時職棒環境還不太穩定，我想先修教育學程可以讓未來多一個選擇。」

但教育學程需要修習兩年，大四修完後，詹智堯只得延畢到大五再修一年，大五的時候除學程外平日已無課可上，林華韋建議詹智堯不要閒著，並引薦他再度前往臺電打球，一方面感受一下不同球隊的風格，一方面他不在校隊卡位，也可以給臺體大的學弟們多一點上場機會。

在臺電的生活其實過得很不錯，詹智堯大五的時候一邊修學程一邊當臺電約聘選手，每個月薪水也有五萬之譜；但在臺電的生活就是每天打卡、練球，下班偶爾小酌，是生活規律的棒球公務員，平穩的別稱即是安逸，因為感受不到強大的競爭壓力，所以在這樣的環境中想再求取球技精進似乎已無可能，詹智堯並不覺得自己的水平僅限於此，就是在臺電約聘這一年，讓他挑戰職棒的念頭愈發強烈。

與此同時，詹智堯的同窗王勝偉在二〇〇六年底率先投入替代役選秀，被兄弟象以第一指名欽點成為該屆代訓選秀會狀元郎，順利在後陳瑞振時代卡位黃衫軍游擊防區；另一位同窗吳家維也在同年代訓選秀會上於第四輪被興農牛隊指名，兩位好友早詹智堯一年先向中華職棒投石問路。

順帶一提，職棒代訓制度是體育替代役的一種，是以職棒二軍的培訓來代替服兵役，成員都是替代役球員，只要符合資格就可報名中職替代役選秀，而被職棒隊選中後則以隨隊練球、進行二軍比賽作為服兵役，在退伍後即可與該隊簽約打職棒，不須再參加一般選秀；此制度的好處是讓棒球役男可提前入隊了解職棒運作，早早適應球隊以便後續生涯發展，是當年進入職棒的入場券之一。

但代訓制度對選手而言也有缺點，當年各隊球探建置尚不健全，球團仰仗代訓制度在日常生活和實戰間長期考察代訓選手，優缺點在一年間一覽無遺，雖然後續順利與球隊簽約者眾多，但也有不少人在球團考察後被果決放棄，反而比球探制度下更難存活，像是吳家維就是興農代訓一年後無法獲得簽約、最後放棄打職棒的案例。

簡而言之，代訓制度是職棒的入場券，但必須通過漫長的試用期，而對於年輕棒球好手而言，循此途徑為兵役問題解套仍屬必經之路，臺體幫同窗如此，詹智堯自然也不例外，在二〇〇七年六月完成教育學程的修習後，詹智堯終於走出大學校園，雖然比同學們晚了一年，但他終於下定決心，報名二〇〇七年十二月進行的中華職棒替代役選秀。

CHAN CHIH YAO

第 2 章

CHAPTER TWO

虎口餘生

「當年我確實滿喜歡誠泰 Cobras 的，我屏東高中的學長林敬民、亞青盃國手時期的好友大頭（黃泰龍）當時都在誠泰，我很想跟他們在同一支球隊一起打拼。」

曾憧憬的眼鏡蛇幻夢

二〇〇七年，中華職棒替代役選秀和新人選秀會合併舉行，儘管人才濟濟，但「臺電雙雄」林益全和詹智堯仍然是選秀會上最令各隊垂涎的大物，在興農牛毫無懸念的以狀元籤延攬林益全以後，詹智堯也如願以償地被誠泰 Cobras 以榜眼之姿指名。

「當時的職棒選秀還沒有實況轉播，我人剛好也在左營當替代役十二天補充兵，我後來是看報紙才知道我真的被誠泰選上了，可以跟敬民和大頭同隊，當時真的很高興！」

與此同時，誠泰企業主正在處理球隊轉賣問題，二〇〇七年十月，「毛哥」孫昭立成為誠泰經營職棒最後一個賽季的代理總教練，當然，也就是在他的任職期間決議在選秀會上指名詹智堯。雖然當時新企業接手球隊經營權的問題懸而未決，隊內情況混沌不明，但孫昭立代總教練仍寄望選進詹智堯以後，能把這位外表與實力兼具的潛力新秀培養成未來球隊新世代的看板人物。

毛哥對詹智堯的看重可以具體落實在訓練與生活等層面，打擊觀念強調揮棒機制以下半身發力來追求長打的毛哥，在詹智堯入隊後曾幾次帶他去沙灘上練習揮棒，讓他親

被誠泰 Cobras 指名，曾經是詹智堯夢想成真的時刻。

身感受沙灘帶給身體的作用力，提前讓他適應誠泰的訓練模式；在生活層面，代訓大頭兵們本來都集體住宿，毛哥特地安排詹智堯入住比較好的房間，甫一入隊就感受到代總教練的器重，讓詹智堯對未來增添許多憧憬，正所謂士為知己者死，當時他認真覺得自己能在這支球隊開創璀璨的未來。

但這個美好願景，在二〇〇八年球隊確定於季前轉手米迪亞、並將隊名變更為「暴龍隊」以後開始變調，首先是器重詹智堯的孫昭立在三月份卸任代總教練的職務，帥位改由劉家齊擔任，自此，球隊人事異動頻繁，而詹智堯這個誠泰美夢裡的情節，已經變得不再有趣了。

二〇〇八年春訓尾聲，詹智堯的職棒生涯首站有一個「不完美」的起點。

米迪亞暴龍隊在季前宣布更換總教練，「毛總」孫昭立自願下放二軍，並且在兩個月後離隊轉投興農牛，球隊上下瀰漫著一股山雨欲來風滿樓的氣息。

「開始察覺到球隊有點不對勁，是從毛哥離職開始，新任總教練劉家齊集合全隊講話，他告訴大家公司找他來當總教練，接下來不會是孫昭立來帶了；毛哥本來卸任後掛的職稱是二軍教練，但實際上來帶我們二軍的是前一軍打擊教練鄭景益，毛哥就這樣忽然消失，直到兩個月後才聽到他去興農的消息，我後來聽大頭說才知道，毛哥不想配合那些人，所以選擇離開。」

那些人，就是米迪亞假球案事件操控球隊的幕後黑手。

當時那些人就直接入住米迪亞球員宿舍的樓上，他們找一軍選手到房間去談話，直接詢問選手要不要配合放水，或威逼、或利誘，軟硬兼施，有時以選手自身及家人安全為要脅，有時以破壞其名聲，讓選手在棒球圈被封殺為手段，花樣層出不窮，米迪亞暴龍短短一年的球團史，成為中華職棒歷史上最黑暗的時刻。

當時在一軍名單內還是有很多清白的選手婉拒放水，二〇〇八年他們面對每一場職棒例行賽都很煎熬，在不配合演出的情況下，要走進荒腔走板的球賽中，看著昔日戰友玷汙自己熱愛的棒球，並且還要維持自身表現，不要發生會讓自己將來被貼標籤的失誤，每日戒慎恐懼，如履薄冰。

「清白的學長像周思齊、黃泰龍，因為不配合放水，上場反而有更大的心理負擔，你想球員正常打球時都會發生失誤了，要在這種煎熬的環境帶著身心受迫的心理壓力上場，擔心自己一旦發生失誤，日後檢調單位回頭檢視比賽會被質疑與放水者同流合汙，這些清白的選手當時都寧願自己不要被排上場。」

進入職業運動聯盟的選手，都是從小苦練再苦練，在三級棒球一路過關斬將才能進入職棒，其所爭取的莫過於少之又少的一軍舞台亮相機會，但在米迪亞暴龍醜惡的黑幕下，認真打球且表現優異的一軍好手們，卻寧可捨棄上場機會來求存自保，這真是莫大的諷刺與悲哀。

那些出淤泥而不染的清白選手，除了祈禱自己不要上場，也有像周思齊和黃泰龍這樣，在與公司高層的對話中冒險夾帶錄音器材，錄下拒絕配合放水的對話存檔，作為後來自證清白的憑證。

作為球隊主力，周思齊當年是直接被高層強迫塞錢，礙於被恐嚇他只能虛以委蛇，再想辦法退還這些錢並伺機蒐證自保，趁著高層又一次找他談話時，他把錄音器材藏在「重要部位」驚險躲過搜身，將不義之財退回並錄下他堅決不配合收錢放水的談話音檔，才終於獲得清白的鐵證。

昔日屏中學長林敬民曾跟詹智堯說，當年他在米迪亞之所以不曾被威脅利誘，全因在一次球員小酌聚會時，當時教練試探性詢問他近況不佳「是不是有與外界的配合放水？」林敬民聞言憤然拍桌怒道：「你可以質疑我的能力、質疑我的球技；但你不能污辱我的人格。」

林敬民說：「進入職棒第一年，誠泰常常安排羅東的比賽，羅東球場可以與球迷近距離互動，有一天熱身時我還看到兩名學生掏腰包湊錢買內野票（當時學生其實可以憑證免費兌換外野票），後來每當球賽開始荒腔走板時，我腦海裡就會浮現那兩個學生湊錢買票的畫面，也不斷告訴自己，實力再怎麼爛也要盡力去完成比賽，要守護好手中的棒球，不能對不起買票進場的觀眾。」

當時還在代訓保護傘下，詹智堯得以遠離風暴核心，但隨著球隊作息，代訓選手們也陸續發現這絕對不是他們從小到大認知中的棒球。

「剛開始是聽學長說球隊有點問題，要我們當兵的小心一點，後來自己也慢慢看得出來他們在幹嘛，很多洋將在二軍的時候每個看起來都很厲害，結果升上一軍就變了一個樣，印象最深的是有一次大頭守游擊的時候，當時三壘的洋將突然衝出來搶接一顆球，還用滑接的方式把球鏟走，從小打棒球的人一看就知道這種打法有問題。」

當時清白的選手還有剛被拉上一軍開始獲得出賽機會的捕手黃浩然，他當時比較天真，對球隊的狀況有點狀況外，有幾次上場蹲捕時，投手一直壞球連發，瘋狂「挖地瓜」，偏偏黃浩然擋球功力特別好，他拚死命地把所有壞球都擋在身前，後來放水投手乾脆直接暴投，連擋都不給他擋了。

詹智堯有一個國中同學二〇〇八年已經在米迪亞的一軍陣容當中，他當時曾經語重心長地提醒還在二軍的詹智堯，代訓結束後千萬不要跟球隊簽約，他之前代訓結束後簽約是因為公司威脅他如果不簽，會對外抹黑說他有問題、讓他之後沒球可打，所以他才妥協簽約。然而米迪亞假球案被除名的選手們究竟是出於貪婪？恐懼？還是其他理由才配合放水如今已不得而知，但無論基於何種理由，妥協的下場都只有一種。能在風暴下倖存者，除了有道德勇氣拒絕並蒐證自保者，就是在機制保護下還沒有機會登上一軍被脅迫利用者；詹智堯的好友有像林敬民、黃浩然這樣還不算主力選手而逃過魔爪者，也有像他這樣因代訓制度而逃過一劫的。

職棒起站是米迪亞是一個不幸，但不幸中的大幸是詹智堯在二〇〇八年初的奧運八搶三資格賽中並沒有被當時中華隊的總教練洪一中選入二十四人名單。身為中華培訓隊一員的他倘若最終入選二十四人名單，就可以在服完十二天補充兵役後與所屬職棒隊簽約並直接在一軍出賽；二〇〇八年代訓期間，詹智堯在二軍展現宰制級的成績，十五場比賽敲出二十一支安打，打擊率逼近四成，上壘率和長打率雙雙突破五成，倘若兵役提前解套，他有很高的機率被米迪亞暴龍拉上一軍，直接面對惡魔環伺的處境。

從事後諸葛的角度來看，洪一中總教練當年選擇鍾承祐進入中華隊二十四人名單，破格提拔不但促進了鍾承祐的成長，更鬼使神差的讓詹智堯避開了米迪亞暴龍隊的魔爪，一口氣拯救了自己未來的兩位主戰外野手，只能說冥冥之中自有天佑。

到了二〇〇八年底某天下午，詹智堯練完球走進宿舍大樓，途經學長房間時看到身著襯衫、西褲的大隊人馬，正在學長的房間翻箱倒櫃。

「他們一下弄天花板、一下開床頭櫃，我當時以為學長找人來裝第四台、牽網路線，想說怎麼會這時間在搞這個，結果隔天新聞就報出來了。」

檢調單位收網、「黑米事件」曝光，種種駭人聽聞的內幕震驚臺灣球壇，對於中華職棒造成難以估量的重傷害，僅從徵才角度而言，事件爆發以後不知動搖了多少如詹智堯、林益全這樣的業餘好手挑戰職棒的決心。

「當年的事件確實曾經讓我對職棒卻步，親身經歷後心中難免會自問，走職棒這條路真的好嗎？年底代訓結束，我還在猶豫不決時有一個獨立經紀人來牽線，他問我有沒有意願去美國打球，後來我跟他去加州一個大學球場做測試，他引薦的美國球探雖然有意簽約，但簽約金價碼實在太低，不可能用那些錢在美國生活，所以後來我打消出國的念頭，十一月結束加州測試回國後，剩下的就是在業餘成棒和中華職棒之間做選擇了。我後來會決定打職棒，和那些清白學長做的榜樣有很大的關係，那麼黑暗的環境下，大頭、思齊、敬民他們還是為了自己熱愛的棒球在奮鬥，不但沒有被同化，還能繼續綻放光芒，他們給了我很大的信心，讓我覺得中華職棒還是可以讓努力的選手繼續奮鬥的。」

世易時移，當前新世代的職棒選手已經很難想像當年職棒環境受到的重創，詹智堯是少數幾位曾經歷職棒黑暗期、實際參與重建、到終能迎來曙光的見證者，二〇〇八年米迪亞事件時詹智堯還只算是個圈外人，二〇〇九年底的黑象、黑熊事件，讓已經正式踏足職棒的他更有感觸。

二〇一〇年爆發的假球案中，從米迪亞事件虎口餘生重回職棒舞臺的選手們，因為被認為是難以威逼利誘的一群人，反倒沒再接觸到任何白手套的邀約，而那些放水的選手和白手套，其邀約舉措也不如米迪亞時期那般明目張膽，就連同隊的隊友也完全看不出來。

詹智堯在臺體的同窗蔡英峰、蔡宗佑、黃宏任，二〇〇九年後都因涉及放水事件被職棒除名，當時每天練球結束後仍埋首苦練、最晚才離開球場，一心只想著要如何站穩職棒一軍的詹智堯心中百思不得其解：「到底為什麼打這麼久的棒球，還會選擇走這條路？是心存僥倖覺得自己一定不會被抓？還是真的被威脅到不得不就範？我真的是想不透。」

二〇一〇年被除名的球員名單中，最令詹智堯感到遺憾的，就是在熊隊時期最照顧他的學長陳峰民。

「我跟轟民（峰民）賢拜從入選中華隊就認識，二〇〇六、二〇〇九年兩屆世界棒球經典賽的互動中，感覺到他真的很照顧學弟，我剛和La new熊隊簽約後，他也很關照身為職棒菜鳥的我，常常帶我到處吃東西，也會主動找我聊天、關心我在球隊的適應狀況。」

事件爆發後，陳峰民被球隊開除，二〇一〇年，陳峰民最終被司法判定無罪，那年十一月，陳峰民拜會中華職棒盼能還他清白，尋求回職棒打球或執教的機會；但當年的標準是採取寧殺錯不放過的方式，陳峰民最後重回職棒的希望破滅；不僅是聯盟的處理態度，當年所有還在職棒圈的教練、選手群和工作人員們都礙於狀況不明，只能遵守規範避嫌，與之斷絕所有聯繫，在資訊封閉且缺乏求助管道下，陳峰民陷入孤立無援，這位四屆金手套獎得主的一代名捕，永遠離開了職棒舞臺。

五年後，司法和輿論陸續還給陳峰民公道，儘管他已經錯失的選手歲月不可能重來，但他的堅貞操守只會隨著時間愈發清明；而其清白愈彰，就愈讓當年職棒圈的友人們感到「朋友孤立無援時我選擇沉默」的內疚，每每念及，總是喟嘆不已。

「那時候新聞出來有他的名字，我很驚訝！但當時的時空背景風聲鶴唳，讓人覺得誰被抓好像都不用覺得奇怪！礙於規定，我們沒辦法跟他接觸，也不能發表什麼意見，就算是好友也只能斷路。幾年以後才知道他被潑髒水、是被冤殺的，但已經錯過可以幫他發聲的時機……就算沒有錯過時機，其實以球員的身分我們也無力幫他多做什麼。」

跟新人年時最照顧自己的前輩失聯多年後再次見面，是在一次球隊移訓屏東的機會，當時陳峰民已經在國中任教職，他帶領中華青少棒代表隊剛好也來屏東練球。久別重逢，兩人雖然有簡單寒暄，但也沒有再多聊些什麼。詹智堯心中難免會想，如果沒有那些事情，能和他在球隊共事到退休，這一段友情不知道會是什麼結果？

二〇一〇年一切塵埃落定，La new 熊隊的團隊氛圍呈現低靡，當時主場還在高雄，沒受波及的清白球員們全體乘坐巴士，來到當時新落成不久的 Lamigo 信義會館，球隊大家長劉保佑董事長，對全隊選手們痛心疾首的做出一番嚴厲的訓斥；猶如我們常見的情況，老師在課堂上開罵往往都罵不到翹課者，而真正乖乖上課的人才是被教訓的那群人；然而真正該記取教訓者，確實也是這些還有希望的清白選手，因為那些罪證確鑿被除名者，除了被球團以「恥」字懸於球場以儆效尤外，也無須再令劉董多費唇舌了。

事件過後，除薪資強制信託機制的建立，聯盟各隊內部也開始設置不同的防賭制度防範未然，La new 熊隊的球員勝場獎金也施行強制儲蓄制，等退休過後確認道德操守無虞才會發放，亂世用重典，在當年確實起到了快速止血、導正歪風的成效，但職棒環境遭受假球案重創的後遺症才剛要開始。

傷害環境的害群之馬被除名解脫了，而留下來的人，才是真正得面對和處理他們所遺留下的遍地狼藉的人。事件過後，對職棒心灰意冷的球迷們，因沒有辦法承受二次傷害，憤而離開球場。

「當時在一軍比賽的現場幾乎沒有球迷，每一場比賽，雙方球員、教練加上球團和聯盟工作人員，總人數都比進場看球的球迷更多，那時候我們休息區在一壘側，我們常常會望向三壘，數數看對面觀眾席的人數有多少，大多數的比賽在稀稀落落的觀眾席上只能數到五、六十個，真的是你可以算得出來的狀況；常在比賽進行間，球團工作人員帶動應援，你只有聽到打鼓的聲音，聽不到有觀眾跟著吶喊。在那幾年還會進場看球的，都是被傷透心卻還是熱愛中華職棒到底的球迷，看到他們就覺得我們還要更努力，把中華職棒重新做起來，讓他們的支持有價值。」

見證假球案後的滿目瘡痍，又用整個職棒生涯投入讓觀眾席從空蕩到滿場的重建過程，詹智堯是中華職棒少數年資長到足以經歷這一切的選手。

「我常看著觀眾席的人數變化，然後心想，哇！臺灣人真的很愛棒球！如果以前沒有那些不好的事，元年開始就努力經營，累積下來的觀眾能量真的會很可觀，環境會更好，球隊的收入也會更好，選手能得到的應援和資源會更多，聯盟、球隊、選手、球迷，都能

從 La new 熊隊展開新生，改變了詹智堯的職棒生涯。

一起成長，那整個中華職棒不知道會是怎樣的一個榮景？」

簽賭案年年爆發的時代，防賭機制並不完善，當時打假球只是詐欺罪，不用被關、也沒有巨額罰款；後來職棒痛定思痛，在防賭上建立一連串的機制，內部有強制信託、防賭基金和不動產擔保人機制，外部有修法加重刑責，加上職棒薪資待遇的逐年提升；在多管齊下後，此類事件終於漸漸消弭。

歷史是前人刻劃的教訓，透過不同世代選手的共同努力，好不容易才慢慢拾回球迷破碎的信心。現在的年輕世代不需要為歷史承擔責任，但不能不以此為警惕，知道這段血淚史，才知道前輩們經歷怎樣的艱難險阻，才逐漸將這個環境改造成現在的模樣，只有了解自己所處的聯盟歷史和球隊文化，你才能夠知道怎麼做能夠讓它更好。

儘管起站風雨交加，詹智堯並沒有選擇此時收傘，二〇〇九年後，他與黃泰龍、黃浩然、林敬民這幾位患難之交再度於職棒同隊聚首，這群板蕩中堅貞不移的學長讓他立定志向，再給自己與中職第二次機會，這一次他的舞台，是未來讓他揚名立萬的 La new 熊隊。

二〇〇八年底的特別選秀會，解散的中信鯨隊和原米迪亞暴龍隊倖存的選手們進入備

投入 2009 年的二次選秀，堅定挑戰職棒道路的信念。

選名單，而十一月底從美國測試歸國後，詹智堯接到邀約誠意甚隆的 La new 熊隊副領隊蘇敬軒的來電，蘇副領隊希望提前確認詹智堯是否還有挑戰職棒的意願。

多次懇談中，與會的除了球團代表外，就是詹智堯和母親及兄長，當時他確實在臺電和職棒間猶豫難決，但蘇副領隊當時分析了一段話正中詹智堯下懷：「臺電的穩定，是用漫長的歲月和機械化的過程去換來的，在職棒發展，雖然挑戰性高，但職棒短期爆量的薪資收益，可能會是臺電奮鬥幾十年才能得到的金額。」權衡發展可能，加上熊隊開出的三百萬簽約金和月薪十二萬的誠意價碼，詹智堯與 La new 達成共識，決定從熊隊出發，一往無前的挑戰職棒之路。

CHAN CHIH YAO

熊步蹣跚

／ 第 3 章

CHAPTER THREE

被誠泰選上的雀躍、遭逢米迪亞黑幕的打擊，詹智堯在職棒起站就坐了一回雲霄飛車；透過二次選秀加盟 La new 熊隊後，他進入一支正派又認真經營的職棒球團，終能拋開疑慮，專心致志於將開展的職業生涯。因為過去在業餘成棒和國際賽的優異表現，他從簽約起即是熊隊重點栽培的新星；和所有業餘大物的必經之路相同，銜接職棒之初，環境變化與比賽強度的有感提升，曾讓他步履蹣跚。

「加入 La new 熊隊起，就能很明確感受到這是支由正派企業打造的球隊，那種認真經營的氛圍即使是新人也能感受得到；La new 就像一個大家庭，劉董事長是個有人情味的大家長，從他春訓時對全隊的談話，就可以感受到他對球隊的用心和期許。」

當時球隊的營運管理主要由時任副領隊的蘇敬軒負責，他也是極力爭取詹智堯入隊的決策執行者。「蘇副領隊對我很關照，從選秀前就很積極找我談，也為我剖析過許多加入職棒的好處；我去球隊報到第一天就發生經典賽那個烏龍報導，當時也是他讓我感覺到公司很保護選手，不會讓我孤立無援去面對這件事，他用行動向外界宣示，選手有專業團隊在背後撐腰，熊隊的球員可以無懼場外紛擾，專心為球隊效力。」

詹智堯受到職棒高度關注和他豐富的國際賽經歷不無關係，高三起就是中華隊常客的他在國際賽有與眾多傳奇球星交手的經驗。

二〇〇三年世界盃他棒打古巴傳奇強投拉佐（Pedro Lazo）的超大號全壘打讓他一鳴驚人；二〇〇六年他以二十三歲之齡入選中華成棒代表隊，參與世界棒壇強度最高的國際賽事——世界棒球經典賽，在首屆經典賽上，他親眼見證鈴木一朗的風采，也對決過後援登板的韓國傳奇強投朴贊浩；臺體大期間多次隨隊移訓美國，他曾與NCAA大學明星隊交鋒，陣中有後來勇奪大聯盟賽揚獎的普萊斯（David Price）、還有「天才小史」史特拉斯伯格（Stephen Strasburg）。

國際賽對於詹智堯的增益是顯而易見的，在他就讀大學的年代，網路資訊不如現在發達，棒球教學影片也沒這麼多，球員想增廣見聞最好的方法就是出國比賽。國際賽上可以看到國外不同的球場和球風，能吸收他國好手在場上的打法、細膩的技術還有態度，這些在當年都只能透過出國交流才能感受。各國國家隊組成都是同年齡層的菁英，和這些精英交手後，心理層面跟技術都會提升，尤其面對大戰、硬戰的抗壓性，接受國際賽洗禮後，詹智堯很明確察覺到技術和心理素質有進階的感覺。

從現實面而言，國際賽不僅和選手兵役解套息息相關，其高關注度對於國手後續投入職棒選秀的順位高低和簽約待遇也大有關係；在當年能像詹智堯這樣以業餘身分入選中華隊參與頂尖國際賽事的選手少之又少，所以職棒的教練團和學長們也都透過幾次的國際大賽提前認識這位新銳外野手。

「有高度關注就是會帶來高壓力，對我來說，國際賽的壓力是一種心靈鍛鍊，就盡力去表現好，我從參與國際賽開始鍛鍊自己在比賽間的絕對專注，讓自己無時無刻都不要鬆懈，不要發生不應該發生的失誤，這是國際賽實戰帶來的磨練，對我後來打職棒的抗壓性也有很大幫助。」

所謂禍福相倚，國際賽對選手的負面影響也來自高關注，比賽打不好時任何缺失都會被無限上綱，平常對棒運漠不關心的好事媒體還會為了收視率捏造新聞。因為國手資歷，詹智堯成為選秀樂透區的熱門人選，而他作為職棒菜鳥首日就攻占各大媒體版面，也和國

國際賽的高壓洗禮，讓詹智堯的技術和心理素質都有躍進式的提升。

際賽期間一次子虛烏有的花邊事件有關。

二〇〇九年第二屆世界棒球經典賽，詹智堯連續兩屆代表中華隊出征，但在歸國後卻有媒體爆料中華隊多名國手在出征期間夜會女DJ的花邊報導，因為該屆賽事中華隊的成績不好，加上公眾人物緋聞向來為好事群眾所好，結果此事不僅體育媒體報導，連平常不跑棒球線的其他媒體線都來湊熱鬧。

當年詹智堯出國比賽時有家眷陪同，所以媒體報導該日他根本不可能外出，更遑論與那位女DJ見面。但當年各大媒體都以他為主角做這則報導。試想，「外型帥氣的中華隊棒球國手、職棒球隊矚目的未來之星，在國際賽期間不務正業夜會女DJ導致球隊打不好。」多項媒體嗜血指標條件，讓詹智堯成為捏造故事的頭號標的。

「我到現在還是不知道為什麼他們要以我為主角報導這種莫須有的事，那年出國比賽從頭到尾我都沒去見過那個女DJ。報導出現那天，就是我要去La new熊隊報到的第一天！我其實很怕公司會因此對我有看法，覺得我是一個不自律的選手。」

在這個情況下，詹智堯做了最正確的決定，他選擇相信球隊公關處理的專業，先找蘇敬軒副領隊說明事件緣由，讓球團確認此事確與他無關，並在蘇副領隊的陪同下親自召開記者會明確對外說明，將球隊與自身可能的形象危機消弭於無形。

過去歷史中不乏國際賽期間行為脫序，又因後續處理不當導致選手聲名受損，導致再也沒有披上國家隊戰袍的機會。作為職棒球員、中華隊國手，就必須開始有公眾人物的自覺，穿上那套制服後代表的已不只是個人，還肩負著職棒聯盟和球團的形象，好的形象和名聲能讓選手無往不利，但一身漂亮的羽毛也需要好好愛惜，培養名聲需要長期耕耘，但要染污可能就只在小處的疏忽及後續怠慢的公關處理。

「這個事件對剛入職棒的我來說是一個機會教育，在職棒生涯後期，我也會跟新人分享這種事處理的經驗；首先，做為職棒選手就是公眾人物，在外面的舉動要注意不要影響公司形象；第二，自己沒有作錯的事要跟公司澄清，隱瞞反而會讓公司先入為主認為選手有問題，在雙方溝通、互信的基礎下，才能一起解決問題。」

年初的經典賽風波只是插曲，職棒的震撼教育才是詹智堯二〇〇九年的主旋律。

踏入職棒後和業餘的最大差別，詹智堯的第一個深刻體會就是：「職棒是商業化的運動，從場內到場外，商業行為隨時隨地都在進行。」詹智堯在進入熊隊以後，才真正了解到職業棒球的本質，也大量參與到行銷部門的各種活動和廣告。二〇〇九年，熊隊帶動中華職棒的行銷革命，從視覺變革、球衣改款、網路社群互動到商品設計潮流化、生活化，從多元面向提升品牌質感正屬方興未艾。

當年球團的策略是在上述行銷專案中大量搭配潛力新人結合包裝，同步宣傳商品和選手形象，代言活動和節目通告也密集邀約球隊新星，展現煥然一新的形象，職棒第一年，詹智堯就曾參與知名樂團「動力火車」的中華職棒年度主題曲《繼續轉動》的MV拍攝。

「除了動力火車的MV，我在新人年就和承祐一起拍過黑松沙士的

以職棒選手身分參與行銷活動，
也和藝人有更多機會互動。（圖右為五月天主唱阿信）

形象廣告、和智勝一起上百萬大歌星、擔任五月天 StayReal 與職棒聯名商品的球隊 Model、La new 母企業產品的廣告主角，這些都是在球季進行間拍攝，當時我還只是一個新人，從來沒想過會有這麼多商業活動。有時難免會想，我只是打棒球的，怎麼一直在做這些事？」

那時詹智堯才體會到業餘棒球和職棒的本質差異主要就在商業化，棒球雖然是主體，但職業化的重點就是以棒球為品牌打造商機。

詹智堯的整個職棒生涯對於球隊行銷的活動配合度都非常高，讓球隊很好作事情，而在職棒圈當中不乏許多菜鳥時期很質樸，活動通告很好敲，但打出成績後整個人飄飄然，活動配合度也變差的選手。」詹智堯是過來人，他在職棒生涯後期常常會鼓勵學弟：「有成績的時候好好珍惜、享受這時會邀約你行銷合作的過程，這不只是幫助對方，也會強化球員個人品牌，既然打了職棒，就好好享受這個難得的經歷，職棒生涯一定會有起伏，等你成績不好也不會再有品牌想找你合作，你求行銷部他們也不見得會理你。」當然此乃後話，二〇〇九年的詹智堯有更重要的課題需要面對，那就是如何站穩一軍。

作為球團重點培養的新人，詹智堯從開季就從一軍先發，並在球隊開幕戰以後就被洪一中總教練賦予先發外野手的重任。

詹智堯的打擊應援口號是「Hito！Hito！詹智堯！」，但即使是資深熊迷也沒有太多人記得其實他新人年出賽前十場比賽的口號是「安打！安打！詹智堯！」因為他覺得聽起來像「阿達！阿達！詹智堯！」，所以請行銷部同仁幫他改掉，變成後來球迷所熟知的「Hito！」

儘管加油聲聽起來不那麼阿達（傻瓜）了，但詹智堯菜鳥年的上半季表現卻依然常常秀逗。

業餘轉職業的必經之路，就是銜接過程會有為時不短的撞牆期，過去在大專、社會人隊打業餘成棒短期聯賽、盃賽，比賽場數、對手強度，與中華職棒相比完全不可同日而語。

「在米迪亞代訓時主要還是當兵，算是職棒邊緣人士，直到進入熊隊才是真正踏入圈內。二〇〇九年春訓起我才真正體驗到什麼叫職棒選手作息，業餘的盃賽場數很少，主要看賽期內主力陣容狀況，碰到球隊狀況好就很容易贏球，就算某個盃賽期間狀況不好，結束就可以休息、調整、訓練，重新儲備體能，調整狀況，下個盃賽起又是新的開始，整年的步調舒緩，也很好調節狀況。」

職業棒球是馬拉松式的賽程，一年要打一百二十場例行賽，場數跟強度都不是業餘比賽可以相提並論的。球季從三月開幕戰起一路打到秋天，球員跟球隊狀況有起有落，選手碰到高低潮球季都要持續進行，狀況不好還是得持續比賽，成績就是整年度一起計算，沒有下個盃賽間隔期間可以讓你調整，要如何在全年維持好狀況不要低潮就爬不起來，這是所有業餘好手剛進職棒時都必須面對的課題。

此外，職棒對手的強度和技術相比業餘大幅提升，業餘比賽對手球隊有大一、大二選手時，這些球員剛升上來時大多還是高中青棒水準，技術含量不高較好對付；業餘成棒裡真正的強投並不多見，臨場誰的狀況好、誰的犯錯少，誰就能贏球，而且投捕沒有針對特定打者做配球的習慣，每次的投打對決都是機遇戰，誰當時狀況較好就能勝出；職棒就不同了，能登上職棒一軍的投手，其控球、球速還有配球都是臺灣棒球界的頂尖，投捕會針對打者習性做研究，長期觀察紀錄，在實戰時用配球攻擊打者弱點，不可能再像業餘那樣憑藉一時的狀態好打整個球季的好球。

二〇〇八年，昔日臺體同窗兼摯友王勝偉在新人年就拿下盜壘王和金手套獎，這對於晚一年踏上職棒舞臺的詹智堯是一種激勵。

「勝偉的第一個球季有那樣的表現並不令人意外，他一直都很努力，也有那個實力展現這樣的水準，他的好表現也帶給我打職棒的信心，我想如果勝偉能做到，那我應該也沒有問題！新人年時，我給自己設定了單季打擊率三成為目標，春訓在打的時候，我覺得自己的揮棒面對職棒投手應該不成問題，但進入開季實戰以後我就有一點抓不到感覺了。」

大隻雞慢啼，詹智堯的職棒起步並沒有一開始想的那麼輕鬆，他的職棒生涯前三年一直有個很特殊的現象，就是上半季狀況奇差無比，下半季突飛猛進、狂拉尾盤，他可以上半季結算時打擊率不足兩成，下半季再連續場次多安打連發，最終以全年賽季二成七五的打擊率坐收，上、下半季判若兩人。

這個慢熱的情形在生涯前三年對剛起步的詹智堯是個難解的習題。成績沒有達到預想的水準，心理壓力愈來愈大，開季幾場打不好就會急著想快點把成績拉回來，從新人年起，詹智堯連續三年都是上半季手感冷冰冰、下半季火燙拉尾盤，每年都是邊打邊尋找揮棒擊球時的「正確感覺」。

「當時最難維持的『感覺』，就是跟投手的節奏和對來球的應變力，我在生涯前三年的上半季，常常會覺得擊球的timing（時機）不對，不會打不到，但就是打不準，已經設定要打的球路，也等到投手投過來了，照理應該要能有效擊球，但是我常常是已經等到設

職棒生涯起步前三年是一段茫然摸索的過程。

定的球路，但最後卻打不準。」

棒球員最常進行的冥想訓練，就是在腦海裡揣摩投打對決的情境，詹智堯賽後常進行冥想，在情境中他會想「我是不是換一下打擊動作、或是切換揮棒的角度，感覺就會比較好？」在情境對決下抓感覺，揣摩跟投手對決的情境，但是冥想中似乎能讓他打強、打遠的揮棒好感覺，應用在實戰時又往往不是那麼一回事，當時沒有科技輔助，他也不知道如何修正，只能摸石頭過河，邊打邊抓手感，也就是如此，才會每年上半季都在屢試屢敗中不斷重頭再來。

自行摸索尋找「對的揮棒感」，詹智堯等於憑藉天分大海撈針，試圖攫取並維持好的手感，一旦某場比賽打擊感覺對了，比賽結束後又生怕這種好感覺會忽然消失，惶恐與不安折磨著這位職棒新鮮人，詹智堯那時常會自我懷疑，半夜躺在床上睡覺時，想著想著又因為不安跳下床拎起球棒練習，直到練至自認「感覺對了」才敢安心上床，不這麼做的話，他會懷疑自己上場無法應付實戰。

解惑本應當尋求教練，但當時打擊教練有更主觀的見解介入，這樣的指導反而讓詹智堯從茫然演變為混亂。

每個打者都有從小到大嚮往的打擊型態，詹智堯延續誠泰代訓期間孫昭立教練給予的訓練，在海邊揮棒讓下半身在土裡挖，用後腳旋轉，讓後腳感受挖沙時的出力和反作用力，再延伸到腰部、傳導到上半身，再把球帶出去，這是要把球打遠的打擊型態。詹智堯從代訓起就一直遵循這套模式在賽訓，直到進入熊隊後才發現這裡的打擊觀不一樣。打擊教練建議球隊所有人的方式都是「拿短棒、蹲低、打反方向」，為什麼這樣做比較好？不知道，他就是要求選手照做，沒有解釋，也沒有對應的訓練模式。

這樣的打擊觀念，曾經先後影響不少熊隊具備長打能力的選手，具體案例也包含陳金鋒，他過去的打擊方式是擊球點放得很前面就打出去，後來在熊隊打擊教練的建議下他把球帶的更進來，用更多額外的力量去打，結果不但長打變少，更造成生涯後期腰傷反覆困擾，這與打擊型態的改變脫離不了關係。

或許有人會好奇像陳金鋒這樣的打者怎麼可能被打擊教練影響自己的揮棒哲學？但現實是「棒球是一項失敗率高的運動」，再好的打者都有七成的機率面臨失敗，一旦低潮、失敗的頻率變高，在焦慮和自我懷疑的狀況下，教練認為「你需要改變」的建議（指令）下達時，再堅毅的選手，心中都難免會動搖，認為「不妨一試」。

不要揮大棒、降低揮空率、打更「阿搭力」一點，打擊教練的指示是：「球棒拿短（讓球棒控制力更好）、蹲低（看得更清楚）、（把球跟進來一點，帶到更裡面再出手，增加辨識變化球種的時間）打反方向。」

其實這套邏輯本身沒有錯，雖然確實會犧牲長打，但有效掌握球棒，降低揮空率和強調確實擊球的打擊策略，的確能夠提升安打機率；然而要選手這麼做時，需要經過解釋和配套訓練，更需觀察選手本身能力和打擊型態去因材施教，不解釋、不訓練而要求所有人照辦，最後只能在「鋸砲」的前提下事倍功半，得不償失。

若是這套打法有更好的解釋和對應的訓練，並套用在合適的選手身上，或許會有良好的效果，像石志偉，他就是La new熊隊陣中最適合這種揮棒型態且成績最為優異的打者，而放眼整個中職，將這種打法發揮到極致的打者則是「恰恰」彭政閔。

但中華職棒並非人人都是彭政閔和石志偉。對詹智堯而言，這樣的打法干擾了他原本的揮棒型態，本就試圖找出自身最舒適的揮棒感，被改動姿勢後則徹底將他既有的節奏打亂；他採用教練建議的方式打了幾場後極度不適應，完全無法應付來球，他只好跟教練說：「我可以用自己的方法打嗎？」當下教練沒說什麼，但在那場比賽沒敲安打後，隔天詹智堯就從球團管理那裡收到被下放二軍的通知。

球評潘忠韋曾說：「以自身的成功經驗去要求選手比照辦理，是所有教練都能做到的事，但好教練的價值在於，認識每個選手的打擊長處、身體素質和即時狀況，即使教練作為球員時代自身條件和打擊能力比不上被指導的選手，但打擊教練依然能依照選手特長給不同的建議，教練本人即便不是長打好手，但能針對選手條件給予客製化建議，一樣能幫助重砲敲出長打；除上述外，若還能提升選手打擊技巧，就是更高水準的教練了。」

十幾年前的老教練，比較缺乏因材施教的觀念，將一套核心哲學套用在所有選手身上的案例很多，這種教育對於選手是助益還是阻力，也只能看選手自己的造化了。

除了教練所造成的混亂，也不乏有些來自球隊學長這邊的打擊，當時球隊的兩大外野新星詹智堯和鍾承祐分別鎮守左外野和右外野，詹智堯的長處是速度、鍾承祐的特長是臂力，所以常會看到新人時期詹智堯看到有機會摸邊的外野飛球都會積極飛撲、鍾承祐則是有機會阻殺進壘者都想奮力長傳。

菜鳥一旦出錯，難免會聽到站中外野的大學長用台語念叨：「啊哩係咧撲啥啦？（你在撲什麼啦？）」「啊係擱咧催啥啦？（又在用力傳什麼啦？）」

當年左、右外野兩個新人什麼時機都要撲、什麼狀況都想長傳的作法的確未必是當下最好的守備方式，但學長也沒有在當下跟他們說明這樣做為什麼不好，所以兩個楞頭青也只覺得自己被學長電，但沒有因此得到成長，詹智堯在現役生涯後期擔任教練的時候，看新世代選手們需要被即時導正的行為時，才發現當時學長的指正並沒有做到位。

作為教練，不能用同一套方式教導不同的選手，選手也不需要對教練的指導內容照單全收，可以靈活採納適用於自身的建議為己用；而年輕選手做錯時，用命令式口吻或冷嘲熱諷，卻缺乏應有的解釋，新人也不明白自己哪裡沒作好，也不會改進成長。

儘管菜鳥慢飛，在熊隊詹智堯的幾個超級好朋友仍伴隨他走過這段期間的辛苦磨練，米迪亞時期的患難之交黃泰龍，在二〇〇九年也和詹智堯並肩加入熊隊，他們會在正規練習以後找空檔一起去練習揮棒，相互督促，也會互助拋球練打，不錯過任何進步的機會。

「當時我在球隊沒什麼社交，鍾仔偶爾還會跟鋒哥打麻將，我不會打牌，也比較沒參與球員間的聚會，後來在新莊球場幾次跟喇叭（潘忠韋）學長聊天，他說當年看到我幾乎都在練習，因為從以前開始我就覺得自己不是天分很高的球員，只能靠後天努力，尤其剛進職棒時，覺得自己到了職業好像也沒這麼厲害，只能多多練習，勤能補拙。」

打擊慢熱、被改姿勢，起步蹣跚，詹智堯的新人年磨難還不僅如此，他在新人年就傷到接球慣用手的右肩，而這個傷勢後來糾纏了他整個職棒生涯。

二〇〇九年賽季，詹智堯因撲壘和滑接造成右肩關節唇一級撕裂傷，關節唇傷勢共分四級，四級是最嚴重的，當時ＭＲＩ（核磁共振）檢查結果醫生認為不需動刀，可以透過復健和休息繼續上場。

在那個時代，中華職棒選手開刀根除運動傷害的看法相對現在較為保守，如果能繼續打，選手就傾向透過訓練、復健、器材輔助和輪休來幫助身體與傷勢共處，延續賽季不因開刀復健而中斷，例如過去的張志強和潘忠韋；因為近十年來，國內外運動外科醫療技術和術後復健觀念的進步，新世代的選手對於動刀後的身手恢復比較有信心。

詹智堯的職棒生涯正好介於新舊世代之間，他面對傷勢和多數資深球星有類似的觀念，秉持著「能不動刀就最好不要動刀」，因為開完刀之後無法保證自己的身體能否繼續應付職棒賽事，這樣的觀念不只存在臺灣，就連國外職棒有此想法的選手也不在少數，儘管運動醫療日新月異，但在棒球這個充滿傳統觀念的運動中，仍有許多選手擔心術後身手無法盡復舊觀。

詹智堯受的是肩膀關節唇傷害，肩關節唇是人體肩膀關節的環狀纖維軟骨組織，外觀類似嘴唇，故以此命名。它的功能在於穩定肩關節活動，並提供關節、韌帶與肌腱間一個有力附著點，這個部位受傷會讓人覺得關節無力、酸軟、疼痛，常發生在有大量肩部旋轉的運動項目上，棒球投手是這個傷勢的常

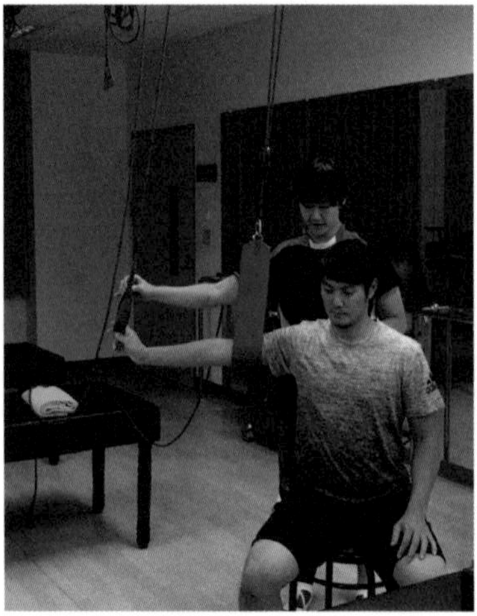

選擇帶傷拚戰還是動刀休養，對於選手而言是個難題。

見受害者。

關節唇的傷痛可以透過復健、物理治療、多加休息等方式達到舒緩，也可以選擇動手術尋求根治，但棒球界普遍認為關節唇是投手絕症，因為術後復健能恢復身手的比例偏低（約三％）。不管是美國、日本或是臺灣的職棒，都有許多知名選手在面對肩膀關節唇問題時選擇不開刀，利用物理治療和復健，強化肩膀週邊肌肉組織來延續選手生涯，就是因為肩膀手術對於投手來說風險較高。詹智堯雖是野手，但也不保證開刀後一定能健康打球，因此在新人年受傷後決定不動手術，透過復健和物理治療讓肩膀能繼續比賽。

讓我們先把故事時間軸，快轉到二〇一六年。

詹智堯帶著肩膀傷勢一路打到二〇一六年，在那年季初對上中信兄弟的比賽，因為撲接外野飛球導致舊傷加劇，每天早上要掀棉被都沒有力氣，無法抬手，連球棒都舉不起來，但他仍然選擇不動刀，透過復健和物理治療，一邊讓肩膀復原一邊出賽。一方面是基於上述擔心動手術後無法完全恢復，一方面是洪一中總教練需要他在外野陣容當中。

但邊復健邊出賽說起來容易，日復一日做起來艱難萬分，職棒選手的作息大多是夜貓子，球員晚上比完賽作完冰敷、伸展，回到家後盥洗吃些點心，凌晨才睡覺，隔天睡到快中午起床，下午才進球場開始練習，而詹智堯為了要維持邊復健邊出賽，必須比其他球員更早開始當天的作息，提前抵達球場，展開賽事進行期的一日行程：

- 早上十點：起床。
- 中午十二點：抵達球場、吃飯。
- 下午一點：展開物理治療：冰敷、電療、超音波治療（促進韌帶或組織復原）、放鬆運動、按摩、伸展等等。
- 下午三點：主隊團隊練習：賽前熱身、跑步、打擊練習、傳球練習等等。
- 下午四點：訓練室重訓及復健：當客隊在進行打擊練習時，他會前去訓練室報到，開始作復健，在球隊聘請的專業健身教練建議下以彈力帶、訓練繩、啞鈴、負重等重訓項目，加強鍛鍊上半身和右肩的肌耐力和肌肉量，透過組織和肌肉的強化保護肩膀。

一般球員例行的訓練不可少外，詹智堯要額外撥出休息時間另作治療和訓練，才能在不動刀的情況下保障肩膀出賽無虞，在賽後要加強按摩和伸展，盡量讓肩膀多休息。訓練菜單看似備受尊榮，但實質上教練和訓練員必須要照料整個球隊的成員，不可能一直待在他身邊專為一人治療服務，必須自己掌握要領後自律進行每日菜單，才能維持可續戰的狀

邊復健邊出賽，說起來很簡單，實際做起來很困難。

況；在客場出賽期間若礙於時間硬體不如主場完備，還無法做完整套治療。

二〇一六年詹智堯的帶傷出賽引發各界議論，當時球隊沒有稱職的中外野接班人，鍾承祐、藍寅倫、陽耀勳相繼受傷，謝炫任、王柏融的外野判斷能力離穩定還有很大一段距離，工具人余德龍則在內外野兩頭跑，無法長期擔綱外野手，當時洪一中總教練明確的表示，希望外野陣容能有詹智堯坐鎮他才能安心。

很難想像吧？本章之初描

繪的那位在二〇〇九年瞎子摸象、靠天分茫然尋找打擊手感的詹智堯，他會在不久的將來連續七年成為球隊一軍主戰中外野手兼開路先鋒！？而且七年來的開幕戰中只有一年沒有敲出安打，讓臺灣職業運動執教勝場紀錄保持人洪一中總教練在爭冠膠著的賽季中，親口表達希望詹智堯能帶傷出賽，為球隊帶來安定感。那個上半季「落漆」、下半季才猛趕進度的菜鳥，到底是如何一步步從球隊的擺子球員到不可取代的核心骨幹？那還是得回到他的打擊手感談起。

新人年最困擾詹智堯的就是捉摸不定的打擊手感：「剛打職棒前三年，我覺得我是憑感覺、吃天分在打球的，但是天分這種東西是老天爺給的，哪天會被收回去也不知道，天分在的時候，還可以憑天分掩蓋在場上的弱點，要趁天分在的時候精進自己、彌補不足。我當時最需要的就是找到正確的模式，穩定自己在職棒賽場上的表現，而不是只會靠天分抓打擊感，到實戰時才發現今天感覺又不對，穩定性不足的選手容易大起大落，職棒這條路要走得長遠就很困難了。」

對於詹智堯來說，他最迫切需求的是要找到適合自己的訓練方式，幫助自己在每一場比賽之後去做修正，訓練的哪些步驟可以建立成固定模式？要用怎樣的訓練順序、內容以及如何量化，才能幫助自己快速修正到正確的打擊模式？他需要找出能具體落成個人化訓練SOP（標準流程）的菜單，才能在職棒賽季進行時全年維持在正確的打擊狀態；而為了能找到適合自己的正確訓練方式，詹智堯苦苦追尋了整整三年。

CHAN CHIH YAO

琢磨後綻放

第 4 章

CHAPTER FOUR

二〇〇九年，靠著下半季狂拉尾盤的演出，詹智堯全年以二成七的打擊率坐收，也在新人球季就拿下生涯首座外野金手套獎！下半季回神的好表現，讓外界對他的疑慮一掃而空，至少「在當時」大家是這麼想的，認為上半季不過是常見的「新兵調適期」而已，下半季的成績理應才是他適應環境後的水平；但當時掙扎著尋找正確揮棒感覺的詹智堯有苦自知，無論攻守兩端獲得多少肯定，都只是他憑藉天分打出來的成績。

成為職棒二年級生時，詹智堯恰逢熊隊教練團重大人事異動，La new 熊隊總教練洪一中該年被下放二軍，由原二軍教練蔡榮宗升上一軍執掌帥位。

一朝天子一朝臣，過去歷史上從二軍拔擢上位的總教練，多少都會帶上自己在二軍時期長期培訓且缺乏機會的子弟兵，而原一軍主力群勢必要面臨卡位挑戰。蔡榮宗從二軍提拔的選手是石彥緯和張民諺，這兩位都是外野手，而首當其衝的就是原外野主力陣容中遭逢空前低潮的黃龍義和還在打擺子的詹智堯。

「當時石彥緯是直接取代掉龍義的中外野位置，我則是因為去年下半季打得好，所以開幕戰的時候還是被蔡總安排在先發名單中，結果開季以後我又跟去年一樣，上半季完全抓不到正確的揮棒感，那年開幕戰後打了七場，整個三月十六個打數只有一支安打，打擊率不到一成，就慢慢被擠出先發陣容。」

詹智堯上、下半季的打擊手感落差到底有多誇張？透過當時的逐月打擊率數據可以窺知一二。

他在二〇一〇年至五月中旬打擊率才剛好突破二成，上半季結算都還在二成二九的低谷徘徊；但下半季開始，七月份他從二軍回歸以後彷彿天啟般又抓到失落已久的手感，表現開始龍精虎猛，連續十一場比賽有安打，十一場比賽四十二個打數中狂掃十九支安打，打擊率高達四成五二！他複製了新人年的軌跡，用下半季的好表現將全年打擊率拉抬至更勝新人年的二成八三，而他的競爭對手石彥緯則在七月後跟他黃金交叉，從上半季的三成打擊率一路下修到最後以二成六四收尾。

蔡榮宗執掌一軍期間給予大量機會的二軍選手們，最終都沒能繳出足以擠掉一軍主力的成績，而蔡總也因為球隊戰績不佳、且沒能順利取得選秀狀元籤，讓熊隊錯失選擇旅美歸國球星陳鏞基的機會，最後引咎下台，蟄伏一年的洪一中再度重回一軍接管大局，一切恢復如昔。

詹智堯職棒生涯前兩個賽季皆呈現上、下半季的坡型落差，但下半季的好表現讓前後兩任總教練都難以在隔年開季先發名單中割捨他；二〇一一年，他來到生涯關鍵轉折點，作為職棒三年級生，表現應該要更穩定，而且以年資來說，三年級生已經後有學弟窺伺，如果還是繼續在一軍打擺子，距離被後浪淹沒的時間已經不遠了。

「洪一中總教練在二〇一一年開季再次設定我當開路先鋒，除了因為我去年下半季的表現外，還有我揮空率低和上壘率高，擊球 contact 和速度與作戰能力，是符合洪總心目中第一棒應該要具備的特質，所以才會一直被他排在開路先鋒的位置，他不太喜歡揮空率高的選手。」

二〇一一年對於 La new 球團也是意義重大的一年，劉保佑董事長乾綱獨斷，將球隊主場撤離高雄，北遷至桃園國際棒球場，並因應屬地縣市將隊名變更為「Lamigo 桃猿」，

詹智堯的球風，相當符合洪一中總教練心目中第一棒需要具備的特質。

那一年球隊的主色從湖水綠改為湛藍，球場、制服、隊名及吉祥物全都煥然一新，對球團而言是嶄新的開始，於詹智堯來說也是全新的體驗。

「球隊從高雄遷到桃園以後，對我而言一切都很新鮮，球場是新的，裡面的設施、店面，還有剛粉刷過後的油漆味，像新房子剛交屋一樣。青埔當時還很空曠，到春天都還會冷，走進場內風一吹過來可以聞到新球場的氣息。當時的桃園球場還沒有外野，我們守備時覺得背後很空，而且那時的青埔跟現在完全不一樣，球場出來到高鐵站沿路都很荒涼，新的建案雖然蓋了不少，但還沒什麼人入住，當時覺得我們就像拓荒者一樣，要以球場為中心經營在地球迷的支持，一切都要重新耕耘的感覺。」

桃猿隊在未來十年將作為青埔球場周邊商圈發展的拓荒者，在球場內，詹智堯也是這支球隊尋求霸業的開路先鋒。二〇一一年三月二十日，球隊開幕對陣興農牛的比賽，這是Lamigo 桃猿隊更名後新球季的第一場例行賽，詹智堯在此戰擔任先發第一棒中外野手，在首局首打席遭到林英傑三振、三局上半遭到林英傑觸身球保送、四局上從林英傑手中擊出帶有打點的二壘安打，詹智堯在這一場比賽中締造多項隊史紀錄，他是「猿」隊隊史首位開路先鋒、首位中外野手、首打席打者、首位遭到三振、首位遭到觸身球保送以及首位擊出二壘安打和首位擊出勝利打點的打者。

成為桃猿隊史大量初次紀錄的保持人，但是這個賽季他並沒有因此一帆風順，他故態復萌延續過去的慢熱情形，還在五月中旬被興農牛隊投手羅正龍的觸身球打到小指骨裂，休養了一個多月，整個賽季走來更加跌跌撞撞。

羅正龍是詹智堯臺體大的學弟，剛進入職棒時控球時常迷航，其實他在業餘時期的控球並沒有這麼差，詹智堯認為他當年很可能也是剛進職棒還沒找到投球的舒適感。被觸身球打傷手以後什麼都不能做，只能讓手休養一個半月等骨頭自行癒合，雖然可以跑步，但不能握球棒，更不能練打擊，養傷是職業選手最焦慮的時候，尤其對才剛抓到揮棒舒適感，

2011 年，詹智堯以開路先鋒之姿成為桃猿隊史眾多初次紀錄的締造者。

準備要趕進度的詹智堯而言，被傷勢耽擱以後，即便回歸後又開始瘋狂猛打，但球季也差不多要進入尾聲了。

對於新人詹智堯來說，身處在十幾年前的職棒背景對他而言是一種幸運，當年各隊的球員沒有現在充足，二軍兵源也沒有現在豐富，一軍選手在上半季低潮的時候，教練團會給主力比較多機會慢慢調整，現在的環境已經截然不同了，如果調整速度不夠快，板凳和二軍的學弟都在虎視眈眈，馬上就有人上來搶走先發位置。

但職棒選手若是仗著「後無追兵」就有恃無恐，放任自己的弱點持續存在，那就真的只能坐等淘汰而已了，詹智堯並不打算只打滿中華職棒的平均年資就黯然退場。新人年起瞎子摸象了三個賽季，到二〇一一年底，在一次偶然的機會中他碰上了職棒生涯蛻變的貴人，這位貴人就是當時在兄弟象隊擔任內野守備教練的「老邦」馮勝賢。是馮勝賢點醒了詹智堯，帶來新的視野，他才認識到「找到適合自己的訓練方式」的重要性，自此踏入了嶄新的天地，從茫然揮棒找感覺，到學會透過客製菜單、SOP與量化訓練機制來持盈保泰、維持穩定的方法。他的職棒之路才得以脫胎換骨、海闊天空！

「二〇一一年大頭已經轉戰兄弟象了，他跟勝偉都是象隊內野手，也都是馮勝賢教練在帶，老邦賢拜也是臺體校友，但他大我們很多屆，我以前跟他不太熟；那年球季結束，大頭知道我打的不是很順，剛好年底他都會去找老邦，就問我要不要一起去聊聊順便跟賢拜請教，我想說當然好啊，聽聽看不同的教練有沒有不同見解說不定會有幫助。」

一念之間，讓詹智堯得到撥雲見日的契機。

「那天跟老邦賢拜見面後他就叫我揮棒，然後幫我錄下我的揮棒影像，隨後再一起看影片分析我的細部打擊動作哪裡有問題，雖然以前我們也會看自己的打擊影片，但當時自己看也不知道怎樣做是對的、怎樣做是錯的，老邦教練從我的揮棒軌跡、角度、打擊重心、平衡還有揮棒面……等等面向一項一項的做微調，幫助我取得當時感覺最佳的平衡，然後再錄下我調整過後的揮棒，並把前後影片中的差距做對照，我這才知道我所謂的『舒適』和『不舒適』的揮棒差別在哪。這只是第一步，知道正確的揮棒怎麼做，接下來才是找出適合我這樣形態的訓練內容、步驟和量化。只有知道揮棒哪裡有問題，這樣比賽應付來球的時候想的跟做的才會一致；而知道方向後找出合適的訓練方法再來練，才能夠在賽季進行期間有一套模式可以幫助自己維持固定的打擊機制，而不是一直在變動中找『感覺』。」

經過馮勝賢教練的提點，詹智堯先固定了自己最舒適的打擊動作，並且逐步找出適合自己的訓練內容、順序之SOP。

「以打擊來說，打T座時，球是固定在座上不動的，這個時候就是讓我做揮棒動作修正練習。球固定不動，沒有加上投球的速度，可以讓我調整打擊動作和身體重心。之後才進行由教練餵球的打擊練習，這時我的打擊動作和重心已經在練打T座的時候調整到位了，餵球打擊時就該換成練習用正確的打擊姿勢去抓特定方向（內、外角）的正確擊球點，作擊球timing的掌握度練習。」

詹智堯以前之所以會茫然，是因為不知道該在不同訓練項目中依序做好打擊姿勢和擊球時機的分別校正，這兩項應依先後次序分開做，不該混在一起做。打職棒的前三年，他在打擊練習時不知道這個訣竅，在練擊球

如果沒有當初「老邦」馮勝賢學長的一席話，或許就沒有現在的詹智堯了。

時機點的時候，有教練站在後面說「你姿勢不正確」，聽到糾正時他就一邊抓擊球點一邊調整打擊動作，結果兩項都沒做好，打擊節奏還亂掉，比練之前還糟糕。

還有練習目的不明確，讓練習無效的案例，如果打T座時慣性用連續拉打，整個揮棒節奏和身體記憶停留在拉打；餵球時教練卻忽然丟外角球，選手身體沒有對應的揮棒機制，直接抓反向攻擊的擊球點，就會變成不紮實的無效擊球（鳥碰），如果真要練習打外角球，順序應該是：

1. 先打T座，將T座的位置放在外角，在此階段把揮棒動作、重心先調整到位，將打外角球的擊球點位置設定好。
2. 在揮棒動作調好以後才開始打外角餵球，如此掌握反向擊球的時機點才會精確，花時間練習才有成效。

綱舉目張，標準流程建立以後才不會在練習時瞎忙，耗費一番精神氣力結果都是無用功。

守備的部分，詹智堯加強重點在傳球練習，生涯前幾年他的傳球準確度沒有後來這麼高，外野手傳球距離較內野手長，出手時若不精確，球回傳時會隨時間有愈來愈大的偏差。如果外野手球離手前，手指賦予球的旋轉愈雜亂，會增加內野手處理的困難度；很多外野手回傳只顧著催力，很少有人著重在球出手時的細節，若是能讓球帶的旋轉只有縱向，球進入內野反彈時可以降低亂竄的風險，可以減少轉傳時的失誤。詹智堯的觀察中，鍾承祐的長傳就只有縱向旋轉，落地反彈時球不會亂跑，這種細節是可以透過練習來加強的。

「傳球練習上，先練習雙手往下畫國字八、再從下後方繞臂上肩旋轉的投球動作，這個動作可以訓練丟球時身體的協調性，讓手臂習慣傳球的正確路徑不容易開掉。其次用小藥球練習出手穩定度，讓手可以穩固在同一個出手軌跡，長傳才會又直又準；其三，練習球離手時食指和中指接觸球面發力的瞬間，兩根手指是與球面平均接觸，因為人的食指和中指不一樣長，如果照原本狀況丟出去，球除了縱向旋轉，還會有變化球的橫向軌跡，彈地後就會亂竄，若是兩根手指平均出力，球離手後飛行時的旋轉就會是縱向的。知道正確練法以後只要勤練，日久回傳球就能愈來愈準確。」

知易行難

江湖一點訣，說破不值錢，如今回顧老邦教練當年的提點和詹智堯的吸收歸納，這些內容現在讀者看來「似乎是很簡單的理論」，但最困難的其實是當年在選手的茫然中找出正確邏輯，將其具體落實為可理解的理論和可操作的訓練項目，並讓選手在實戰後驗證理論確實可行，這才是最困難之處，也正是教練一職專業之所在。

二〇一一年底，詹智堯在馮勝賢教練的提點和幫助下，整個人豁然開朗，從打球以來首次認識了正確的訓練觀。把問題癥結點找出來，並將解法用常人都能聽懂的方式讓對方理解，本就是很困難的環節；而另一個困難點是「知道跟做到」是兩碼事，即使選手能理解，也要日夜不輟、確實執行標準訓練流程，才能在實戰中透過身體記憶，對來球做出如呼吸般的自然反應。

冬去春來，秋春兩訓過後新賽季轉眼即至。二〇一二年的猿隊開幕首戰，詹智堯就敲出安打，而在三月二十日對戰興農牛的第二場例行賽，擔任開路先鋒的詹智堯單場繳出六打數四安打的超級猛打成績，在那一戰中，無論選球、設定球路和擊球控制，他驚喜的發現如今他自己內心設想的和後來做到的都確實一致！比賽當下他終於確信，自己苦尋三年的正確準則，如今終於找到了！

二〇一二年是詹智堯大放異彩的一年，他一改過去上半季慢熱的老毛病，從開幕戰起直到球季結束，全季打擊率從來沒有低於三成，上半季到四月下旬打擊率還高居四成不下！最後全年以出賽一百零九場，打擊率三成二九，一百三十九支安打和五十一分打點，全數寫下職棒生涯單季新高紀錄！他成為球隊不可或缺的骨幹核心，並且在年底的總冠軍賽，以冠軍接殺的超美技幫助球隊拿下北遷以後首座冠軍金盃，同時在年底的頒獎典禮上也獲得大豐收，詹智堯拿下年度最佳進步獎以及生涯第二座外野金手套獎，證明當年選秀前的大物評價所言非虛。

站上頒獎台，詹智堯分享了自身從迷惘到蛻變的經驗：「改變的不只是技術上的訓練，其實心態的改變才是我蛻變的關鍵，蛻變的過程中不斷地失敗，每一次的失敗都給我更想進步的決心，因此我體會到，棒球場上沒有速成的訓練方式，只有適合自己的訓練方式。」

「拿到最佳進步獎，表示存在進步空間，代表之前做的不好，現在也不過是及格而已，狀況還不到頂點，我是自覺還不夠好，還要精進，打職

找到最適合自己的訓練模式，詹智堯終於豁然開朗。

壢新醫院
Lanew
TPX

能夠拿到最佳進步獎，來自於找到正確的方式努力。

棒三年以後我才知道，棒球真的不是那麼簡單的運動，我需要努力的還很多，真正高興的是能在當時就得到正確的訓練方式，不會再繼續渾渾噩噩的打球，至少你知道努力是有明確方向可以去做，而當無可避免碰到低潮的時候，你至少知道自己是有一套修正方式能確切幫助自己回到正軌的。」

詹智堯體認到，最佳進步獎的價值不在於優秀而在於蛻變，而能夠蛻變不是憑藉運氣好，而是找到正確的方式努力，才能將努力在球場上化為成果、才能跟以往不一樣。

詹智堯的蛻變，不只讓他在球隊內部獲得了認可，從此站穩先發位置，他也開始獲得球迷的青睞，綻放身為職棒球星的光芒。

二〇〇九到二〇一六年，詹智堯連續八年入選中華職棒明星賽，這對他而言是一種肯定。「明星賽票選，有時跟兄弟象排在一起要入選真的不是那麼容易，有時候是球迷票選進去，有時候非先發是被教練推薦，也沒有想過可以連續八年都進明星隊，入選明星賽對我而言的意義是在於職棒這麼多好手中，你確實感受到你是有被人家看到的，不僅是單單在自己球隊裡面被肯定，站到球隊外面也是能被大家認可的選手。」

「在這八次的明星賽當中，有幾次的印象是很深刻的，二〇〇九年明星賽，當時菜鳥的我是候補入選，打到第九局我們領先一分，投手丘上的終結者是現在統一獅隊的總教練林岳平，他被黃正偉打了一支深遠的外野飛球，球一路飛到全壘打牆邊我才驚險接殺，那一球如果沒接到，按照對手的腳程應該會是三壘安打，戰局可能就會翻盤。」就是這一球，加上後來常在比賽後半段自家終結者開劇場的時候，詹智堯多次用守備美技幫助球隊守下勝利，網路社群上球迷開始戲稱他為猿隊放在中外野的另一個終結者。

「明星週除了正賽，我還參加過公益全壘打大賽，但印象最深的是二〇一三年明星賽有設盜壘王獎金，如果單場盜壘最多的球員可以拿到兩萬塊獎金，那時所有的快腿都躍躍欲試，我在明星紅隊、勝偉在明星白隊，我跟他都先有一次盜壘成功，後面大家都想挑戰獨居領先，最後是我成功盜壘第二次，上到二壘的時候他剛好在我面前，我還對他示威秀了一下肌肉。抱歉啦兄弟，盜壘王獎金是我的了！」

雖然詹智堯拿走明星賽盜壘王，但那年好友王勝偉勇奪明星賽單場最有價值球員！詹智堯在他登上頒獎台時忘情地往他身上潑水慶賀，讓站在王勝偉身邊頒獎的時任中職會長黃鎮台也遭受池魚之殃；有趣的是，二〇二二年中職明星賽，老將王勝偉再次榮膺單場MVP，他在接受蔡其昌會長頒獎的時候一直在找詹智堯，想說他會不會睽違九年後再度

2013 年在眾家快腿的競爭中拿下明星賽盜壘王。

如法炮製。詹智堯也笑著表示：「那天賽後要回飯店前才知道他是單場MVP，如果還在現場的話一定再潑他一次水，哈哈！」

發揮特長　找到定位

從步履蹣跚到綻放光芒，詹智堯終能享受職棒這個讓頂尖選手盡情揮灑的舞台，他先從認清楚個人特長開始，並用盡一切努力尋找適合自己的訓練模式，再將特長發揮到極致，藉此在球隊陣容中找到定位，成為總教練眼中不可取代的選手。

如何先確立選手個人特長？常用分類是以國外職棒球探評比選手能力時常用的五圍值，也就是俗稱的五工具（five-tool）：

- 擊球（Hitting for Average）、
- 長打（Hitting for Power）、
- 跑壘（Baserunning Skills and Speed）、

● 守備（Fielding Abilities）、

● 臂力（Throwing Ability）。

這五個項目概括了優秀球員所能具備的五個面向的能力。所有棒球員的特長都不盡相同，一個球員的可用訓練時間與可承受訓練量都有極限，很少有選手能夠憑藉後天努力在這五大指標項目都練至高標。

如果天賦和時間有限，要在五圍項目平均發展？還是將部分特長練至極致？詹智堯選擇後者。

詹智堯認為，除非天賦異稟，不然平均鍛鍊五項能力最有可能的結果是五項都在平均以下，均弱的能力只能讓選手最後在球隊裡很難被教練發現。五項中至少先找出一項特別突出的，教練注意到你的機會比較大，比方說跑壘有速度，當球隊需要代跑的時候就會想到你，而且這五項能力裡，跑速跟外野守備範圍是有正相關性的，你有腳程，教練不只會給你機會去代跑，也會因為守備範圍有優勢，給你額外鍛鍊外野、有更多上場的機會，像是新人時期的陳晨威就是這樣。退一萬步來說，如果野手打擊狀況很差，但是守備很好，當球隊其他外野手守備頻出狀況的時候，教練團第一個想到的就是讓他遞補上場，會多一些機會站穩一軍舞臺。

詹智堯很早就體認到，要想在職棒長期生存，要具備提早察覺環境需求的敏銳度，並即早發掘自己的特長加以發揮。

「聰明的選手要能比別人早看出大環境的變化對球隊陣容需求的影響，像前幾年用球彈性係數高時，大家都能轟出牆，教練團看重的就是打擊能力，有棒子就會幫你找位置，守備特長者的價值和機會就會變低；等到球不彈了，大家打出去的球多半都留在場內時，守備能力好的選手價值就會重新被重視。在職棒打了幾年後，我了解自己的選手型態是屬於速度快、守備範圍大、上壘率高和確實擊球類型的野手，所以我知道自己的守備瑕疵絕對要減少，在擅長的領域絕對不要出錯，就有機會被教練團重用。」

詹智堯相當清楚球隊的陣型和自己在其中的角色，也更用心在解讀比賽各情境下教練團會需要他如何運作。

「我在現役時期，球隊的三、四、五棒幾乎都是智勝、金鋒、小胖（林泓育）這樣的長打好手，他們掃打點的能力很強，擔任這種陣容的第一棒，任務就是要以上壘為重，所以我的上壘率會比打擊率、安打數更重要，我當時後面第二棒就是（林）智平，他也很清楚他的任務就是戰術和推進，當我們兩人順利上壘和推進後，後面的槌子（重砲）會負責把我們打回來。如果後段棒次上壘，輪到我作為第一棒打擊，我會追求確實擊球，設定打擊方向讓壘上跑者可以推進，你對球隊的陣型、需求和自己跟隊友的能力、場上狀況等等都要很了解，知道球隊需要你的是什麼，知道比賽當下狀況應該要做什麼，那你才會達成總教練對你的期望。舉例來說，比賽打到後半段球隊還落後時，首名打者上去打擊的習慣是先選球上壘，不會一站上去球來了就打；如果這時候一壘有人，教練會希望你上去先緩一緩，盡量不要去打第一球，可能後面會有戰術，很多選手會質疑為什麼不能打第一顆，如果你要打，那你就要有絕對的自信打好，那教練自然不會有二話，但如果你打第一球結果鳥飛、鳥滾，沒配合教練想要的戰術需求結果又不好，那教練對你的印象怎麼可能會好。」

當年桃猿隊的總教練是洪一中，他對比賽的解讀能力很強，什麼時候喊暫停、什麼時候該抗議，什麼時候要換人、這時該換什麼人，時機掌握都恰到好處，因為對球賽和球隊的了解度高，所以讓人覺得他做什麼都是信手拈來，總教練自己就是這一類型的人，他自然喜歡重用理解比賽能力好的選手。

如要發掘自身特長、找到自己在隊中的定位，在幾歲以前完成會比較有機會在職棒一軍站穩腳跟？詹智堯根據時代的變遷給出了自己的答案。「現在的時空背景跟以前更不同，選秀進來的新人群普遍比我當年的平均年齡更小、競爭對手更多，如果要強化自己的能力強項，找到自己在球隊的定位，高中畢業生進來最好在二十一歲左右就完成，如果你到二十二、二十三歲還搞不清楚狀況就會有點麻煩，年資打到第二、三年，後面就有學弟進來了，你已經不再是學弟，要很清楚知道場上的狀況，容錯空間會更小，長處要努力展現到被教練看到，對比賽的解讀能力也要同步提升，不能再傻傻的上去打完，打好打壞自己都不知道為什麼。」

二〇一二年，脫胎換骨的詹智堯將自己五圍能力值中的擊球、跑壘和守備三大面向能力都提升至高標，成為總教練心中無可取代的頂尖外野手，他在中外野行雲流水的守備能力不僅是他穩居先發的本錢，更被他用心昇華為一門匠心獨具的藝術。

CHAN CHIH YAO

第 5 章

CHAPTER FIVE

金手套的秘密

早在職棒菜鳥年詹智堯就拿下首座外野金手套獎，但以他如今的標準來回顧，他對自己在二〇〇九年的守備其實並不滿意。若以旁觀角度來評價二〇一二和二〇〇九年兩個時期的詹智堯，其守備能力確實有顯著落差。

「二〇〇九年不只憑藉感覺在打擊，在守備上也是吃天分，主要是靠腳程優勢在彌補判斷經驗的不足，第一次獲獎的技術含量不夠高，守備觀念也不比後期，而且那時票選的媒體前輩對我新人年美技表現多的印象很深，應該也加了不少分。」

棒球守備能力的優劣評判，很難從傳統數據中一目了然，站位精準、守備範圍大的野手，能夠追到球的機會更多，增加額外守備機會的 play 沒能接到會被記為失誤；反之若野手站位不準、守備範圍狹小，常目送打者敲出超越自己防區的輕鬆安打，帳面上反倒不會記錄野手任何守備失誤。

新人年就拿下金手套獎，詹智堯的內心感受還沒有很踏實。

「十幾年前臺灣剛引進很多新觀念，當年是比較少研究打者習性、針對落點作分析站位的年代，二〇〇九年其實很多球是打者打出去後，落點跟我一開始的站位落差很大，那些球後來都形成安打，所以表示我當時的守備範圍比較小，我只有在自己的速度所及範圍內盡可能的接球，然後在這些處理當中很少出現瑕疵，美技多、錯誤少，所以拿到金手套。其實仔細看的話二〇〇九年我整季守備機會才一百多次，雖然失誤只有一兩次，但是因為站位不精準，所以很多沒站到打者慣性落點送出去的安打。」

詹智堯在猿隊現役時期，除了自身守備經驗日漸豐富外，臺灣職棒逐漸走入數據棒球的蓬勃發展期，加上社群媒體推波助瀾，資訊傳遞量大而快速，國內職棒科技分析技術與時俱進，讓外野手除了經驗法則外，落點分析也有更多數據資料可供參考。「二〇一二年起，因為經驗變豐富了，對打者落點分析也比較精確，我的站位變得更精準，增加大量的守備機會，二〇一二到二〇一五年我每個球季至少都有二百二十個守備機會起跳，守備的涵蓋範圍變廣，也增加很多把打者安打沒收的機會，已經不是從前那種傻傻站位、目送守備機會變成安打球的外野手了。」

除了打者習性會影響站位以外，不同比賽情境如：壘上有人、出局數不同、好球數不同時，打者也都有不同的應變打法，這些經驗都記錄在詹智堯的腦海裡，所以守備的站位判斷比以前好。例如兩好球以後，有些選手的打擊力道會以碰到球為主，這時候球的落點會比較前面，如果這時還在初始站位，球就很容易形成落在身前的安打。

只會死背打者習性絕對不足以應付棒球場上千變萬化的戰況，要想要百戰不殆，除了知彼、更要知己！「自家投手當天的狀況也可能影響對手的打擊落點，假設今天投手球速較快，右打者出手可能會把球帶得更進來，推打到右半邊的機率就會變高。掌握打者習性後要再綜合比賽情境去融會貫通，才能以此決定你當下站位要怎麼移動，用經驗積累幫助自己增加守備範圍，才不會永遠靠天賦、憑腳程在彌補判斷上的不足。」

棒球的數據資料是死的，閱讀和使用數據的人才是活的，需得要多動腦思考，融會貫通、隨機應變，才能讓死資料在球場上變成活輔助。擔任教練以後，詹智堯看到一些年輕選手缺乏思考的過程，打完比賽回家休息，明天比賽重新來過，其實比賽後有很多過程細節要去了解，才會一天比一天進步。打擊上，上場前要觀察投手，抓球、設定內外角、球種；守備上，要記住打者習性、擊球落點，守備時要同步觀察自己投手的球速、球數、出局數、壘上狀況，這些都會影響擊球落點，知己知彼，才能提前應變。

「在我新人時代這些先進觀念在臺灣還沒有普及，而且在當時的風氣下，有人跟我們講這些東西，我們可能聽了還會半信半疑，我那時候是沒人研究、沒人傳授跟沒人解釋，現在各隊都有情蒐，教練也會提醒和傳授，但是新人們有時候還是需要不斷提醒、教育，他們才能體認到這些觀念的重要性。」

怎樣才能算是一位好的外野手？

「身體能力方面是腳程和臂力，這兩項若具備就有守外野的先天優勢，因為這兩項能力天賦佔比很大，後天再苦練進步幅度也有限。臂力小的話還可以藉由移防左外野來縮短傳球距離減少劣勢，但是速度慢對外野手是先天劣勢，真的比較沒辦法勝任自如；其次，是球擊出瞬間你第一時間的判斷力，球打出去能憑藉聲音、仰角判斷你的轉向和移位，雖然透過練習和實戰可以提升經驗，但是這種第一時間啟動的敏銳度能藉由訓練精進的幅度也很有限。」

判斷力決定球打出來時你能不能快速找到球的位置，這種敏銳度一半以上是天生的，詹智堯國小二年級的時候和一群朋友在玩搶接高飛球的遊戲，打者打出去以後很多小孩還在碰運氣瞎追，詹智堯已經在落點定位上等待接球，這就是天分，也就是俗稱的天花板高度，後天能補強的程度有限。

像內野手預測球擊出後的反彈路徑、接慢斗的手感，這其實也是天賦，像江坤宇在守備時的感覺，打者球才剛打出去的瞬間他就已經同時啟動，所以他才能攔下那麼多強勁的安打球。

「對外野手而言，判斷力的好壞連帶影響移動時第一拍的腳步、追落點的腳步和移位的腳步，判斷球的距離、方位、仰角如果開始就失準，你在追一半才發現跑錯，這時候才切換方向就會少掉很多處理球的黃金時間；年輕選手經驗不足特別容易犯這種錯誤，只能練習時碰到馬上機會教育，提醒他怎樣才能看得更精準，跑正確的接球路徑，這些都是習慣養成，在失誤中調整，訓練時用同一顆球讓他再接一次，有時候教練會刻意拋類似的球讓選手反覆練習，去習慣同一方位來球的接球跑動路徑，下次碰上同類型的球就會比較熟稔。若具備天生的敏銳度就已經很有守外野的優勢，如果還能透過勤做功課，像是觀察球場、風向、燈光、陽光、打者習性、還有解讀比賽能力細膩一點，對於守備的輔助會更好。」

喊聲的藝術

「棒球守備以中線為優先，因為他們的防區最大，要兼顧左右兩邊，中線球員的守備能力通常優於兩側，當球打到中右或中左兩個外野手中間時，中外野手要馬上判斷有沒有機會處理，有機會就要馬上喊。當然，場上兩個野手同時喊的機率也很高，但是確定要接的那個人就要明確一點把隊友喊開，時間充裕的話還可以用手勢輔助示意。喊聲的語言通常都是用英文『I got it !』當然這個隊友間要事先溝通好，不然在比賽當下你可能會不知道對方在叫什麼。盡量不要叫隊友的名字，因為有時候他會不知道你是要叫他讓還是要叫他接？雖然以前我跟鍾承祐練習的時候我都會故意亂叫鬧他，但這只是練習時有默契的隊友間好玩而已，比賽時盡量不要這麼做。」

比賽處理飛球時，即使已經喊聲還是要留意一下隊友動向，因為總有可能發生隊友受噪音干擾，或太過熱血拚搶沒聽到你喊聲的狀況出現。

「二〇二〇年在樂天，有一場對統一的比賽我守中外野，當時一顆飛球過來我已經先喊聲而且要接到了，但是右外野手（陽）耀勳因為太拚，所以衝過來從我前面飛撲過去，我們兩人最後很驚險的錯身而過沒有相撞，球也順利被我接殺，但當下場邊的教練團都捏了一把冷汗。二〇二二年我在富邦時，有看過一個跟前面 Play 很類似的，中外野手（申）皓瑋已經在處理，結果左外野手陳真跑到他的前面搶接，兩人也是有驚無險的把球接殺。」

沒有相撞都還算幸運，二〇一九年富邦二軍比賽時，張詠漢和曾慈恩同樣在處理飛球時溝通不良發生嚴重碰撞，造成張詠漢顴骨骨折和腦震盪，這種處理飛球的喊聲和權責不明確時，輕則守備失誤，重則傷退甚至可能影響選手生涯。

「現在球場內的舞曲應援分貝數很大，場內干擾音比以前更多，外野手的喊聲需要更大聲，真的已經喊到極限的話，有一種輔助方法，就是透過連續喊聲來提高隊友注意力，讓他可以在吵雜的球場中明確接收到你的訊息。」

撲球的必要

「不管有沒有站位觀念引進，我都會盡全力去拼接任何力所能及的飛球，所以滑接、飛撲的場面很多，還曾經因為太常撲球被學長教訓過。儘管後來透過落點資料輔助增加了守備範圍，我還是會積極撲接更難接到的球。到底要不要撲下去拚？如果你當下判斷撲下去接到的機會很高，那當然要拚，主要還是看你離那顆球的距離有多遠，同時也要因應比賽戰況，假如比數差距較大，能撲的都可以拚看看，如果是膠著的比分，守備選擇就更考驗選手臨場的判斷力。」

「打者習性」的腦內筆記

金手套就是竭盡所能去拼接每一顆力所能及的飛球。

因為長年對戰加上用心記憶，各隊主力打者的擊球習性詹智堯都熟稔於心，在他現役年代中華職棒長年只有四支球隊，各隊主力、強打就是那些人，每年對戰場次多，加上長年對決，只要自己也是主力野手常常上場守備，各隊主力的打擊習慣就會銘記在心。

「比方說對戰恰恰（彭政閔）、（高）國慶，他們的特色都是比較明顯的，恰恰是打反方向著稱，所以落點會朝中右外野；國慶他應對直球常打右邊、應對變化球常打左邊，雖然不是絕對，但是長期觀察以後確實有很高的機率他們會這樣打，另外像（王）勝偉，他的打擊方向就比較朝向中右外野，各隊主力打者的擊球方位和距離，長期對陣下來都會在我心裡留下印象。守備教練也會畫落點圖，像樂天因為從日本聘請情蒐，製作落點圖的硬體更完備，內容更細緻完整，打擊習性、球數狀況、拉打推打的機率，都可以做分析。這幾年開始各球隊其實都陸續設置科技部門，可以把這些習性量化給選手做參考，再加上優秀的野手本身就具備豐富的經驗，經驗加上數據輔助會更有效率。」

站位主要是輔助外野手增加守備範圍，結合當下情境，如果投手球速沒到很快，拉打機率會變高；投手球速快的時候，打者球帶得比較進來，推打反方向的機率比較高，投手狀況會成為站位時的變因。基本上，站位先以該打者最常見的習性為主，再根據投手臨場狀況、好壞球數、比分、出局數等情境做微調，可能只是一兩步間的移位差距，但就是這毫釐之差影響最後你是不是能夠順利接殺。

球棒操控能力愈好的打者，愈有辦法做到因應戰局做攻擊型態的改變，像是前面提過的彭政閔，平常壘上無人，他的習性通常是 inside-out 打右半邊往中右外野的飛行路徑，壘上無人的時候，詹智堯會因應他的長打機率再往後退一點，而在兩好球以後，會站中右外野偏前面一些。

有些打擊型態偏向拉打型的打者，壘上有人的時候，其反方向擊球可能會變多，像是陳鏞基，如果無人出局、打者球數領先的時候，陳鏞基拉打的機會高，這時候詹智堯的站位就會偏中左外野、如果一、二壘有人，因為要護送跑者進壘，他打擊落點在中右外野的機率就會提升。

「球棒操控力不佳的打者，不管壘包上有沒有人，他的打擊落點差異都不會太大，如果沒有良好的球棒控制力，想改打其它位置也打不好。簡而言之，對付球棒操控力愈好的打者，愈需要隨著戰況做移動。這樣的強打者不僅讓投捕頭痛，對於外野手而言也很難控制站位，像陳傑憲、王威晨，他們會看布陣情況變換打擊方位，這類型的打者擊球落點千變萬化，很難明確被定位。」

印象深刻的守備失誤

沒有棒球選手是永遠不會發生失誤的，即使是金手套級別的選手也不例外。

「新人年的時候熊隊還有安排羅東球場的賽程，有一場比賽因為宜蘭雨下很大，我抬頭接球時因雨水太過刺眼而沒看到球漏接，當下馬上被洪一中總教練換下場休息。還有一次讓我印象很深刻是二〇一一年一場對興農牛的比賽，當時九局下半二壘有人一出局，我先是用美技接殺了一個外野飛球，但我急著回傳阻止二壘上的鄭達鴻向前推進，當時在內野的隊友郭嚴文和郭永維有往外野移動接應，但我回傳時沒注意到他們的位置，回傳球直接甩過他倆的頭頂，結果球進內野無人處理，只能眼睜睜看著鄭達鴻回壘得到再見分。我那時打職棒第三年了，這種重大守備失誤不會再有人特別跟你說什麼，你自己也知道是哪個環節出問題，從五星級美技變成再見失誤其實就是一線之隔，美技後能不能圓滿收尾，關鍵在有沒有時時留意場上細節。」

守備再好的選手都難免會發生失誤，重點是失誤後有沒有汲取教訓，學到下次如何避免，要想在比賽進行期間盡量避免發生失誤，很重要的一環是有沒有在賽前做好天候和場地的事先觀測。

外野手的賽前預習：天候觀測

比賽時的風向勘查有其重要性，如果是在場內拔草測，主要是測球場內部的風向，而這跟球場高空的風向又不一定相同。

「守備的時候，透過觀察球場旗幟飄揚的狀況來了解球場上空的風向，有時候你覺得你場內所在位置沒風，但其實球場上空的風卻很大，這樣判斷飛球時可能會有落差，處理外野飛球主要還是要看球場高空的風，觀察旗幟可以概略得知風向和大小，如果旗幟顯示球場大逆風，那處理相同的外野高飛球時，站位就要往前移動一點。」

每一次的守備處理都和球場當下的狀況息息相關。

除了風向之外，天色變化對於外野守備而言是另一項考驗，在日落前將暗未暗的天色下比賽時，會增加外野手的守備難度。「在這種天色下，要記得球打上來的時候眼睛從頭到尾不要離開球，就算真的球被天色吃掉，如果眼睛有盯著球的動向，可以循該區域和球移動的方向持續找，並藉由不同位置的隊友發聲提醒，盡可能把球找出來；如果隊友看得到並接得到，他也明確喊聲了，那也可以讓給隊友去接，天色球就是憑經驗、感覺還有隊友的幫忙。」

日間比賽，則會有所謂的太陽球，太陽球就是外野飛球跟光線照射軌跡重疊的情況下，會讓外野手完全看不到球，而詹智堯在三級棒球時期就曾經因為太陽球而吃過苦頭。「以前屏東高中時期，林省言教練就會故意在大太陽底下拋太陽球讓我們練習，有一次某顆球的路徑剛好完全跟陽光重疊，我用手套去遮太陽也沒辦法看到球，最後球直接打在我肚子上。以二軍來說，比賽下午進行時遇到豔陽，外野手正向陽光時的守備就會比較麻煩，畢竟直射的情況下，用太陽眼鏡和手套遮擋幅度都有限，如果飛球隨陽光路徑一路飛過來，外野手就會很難找球。在這種狀況下，外野手要懂得在既有站位下，微調移位來閃躲光線直射的路徑，或者採取側身接球的方式才能順利處理；碰到燈光吃球也是一樣，光線跟球移動路徑重疊，那就是靠野手接球時自己移動重心或位置，像是略為下蹲、或透過側身錯開視線、光線還有球的軌跡，讓三者軌跡不要完全重疊，球才會出現。」

中華職棒最常碰到的當然就是下雨的影響，前面曾經提過詹智堯在新人年時因為下雨天被雨水刺眼結果漏接，面對這種避無可避的天候影響，也讓他研究出了屬於自己的一套應對之道。「我在事後想過，當時我是因為雨中睜眼盯球時間過長，到接球前才忍不住眨眼漏接，所以我只要變換眨眼時機即可，真的忍不住時就趁球還沒往下掉之前先眨眼，在球往下掉時就能夠撐開雙眼接球，只要變化眨眼時機，就能避免球往下掉的時候再次發生雨水球漏接的失誤。」

臺灣因為至今沒有室內棒球場可以比賽，所以比賽的氣候影響真的千奇百怪，除了陽光和雨水，颱風天比賽也是夏秋兩季的特產，颱風天比賽高飛球會亂飛，風向完全無法預測，隨時都在亂轉，判斷接球時會更加辛苦；而詹智堯職棒生涯中遇過最特殊的天候影響狀況，他認為不是颱風，而是球場起大霧。

「其實水氣重的時候桃園球場起霧滿常見的，但通常會隨著比賽進行後霧氣逐漸變淡然後散掉；但是二〇二一年有一場在桃園對統一獅的比賽，一開始淡淡的霧氣到後來愈來愈濃，打到三、四局時整個球場煙霧瀰漫，那時候已經是憑經驗和球感去接球，打到主審後來問外野手，確定真的完全沒辦法看到球以後，才『因霧延賽』，真的是很特別的經驗。」

外野手的賽前預習：場地考察

每天賽前詹智堯會先看當天外野草皮的長度，如果草皮太長，球的滾動會比較緩慢，如果草皮比較硬，彈跳會比較快；另外他還會看草皮的濕滑程度，在下雨天比賽的時候，草皮濕軟有時會使得球打進去後造成球定竿不反彈，這些場地因素都會影響外野手處理球的時間長短。

球場硬體中，全壘打牆也是詹智堯留意的重點項目，臺灣各球場的外野牆面組成都不太一樣，有些全壘打牆有軟墊，也有局部是不同材質，像新竹球場全壘打牆下部是軟墊、上部是網子，球打到全壘打牆時，要看球打到哪個區域，不同材質會有不同的反彈路徑，如果打到上方的網子力量會被吸收，反彈幅度很小；牆面如果有廣告帆布，反彈程度也會比直接彈到軟墊上更小。

「有些球場的全壘打牆，軟墊沒有完全覆蓋牆面，牆和地面的接觸區域有縫隙，又是水泥材質，球打到那邊容易卡住、如果沒卡住，打到水泥面則會快速反彈，這些都是硬體組成不同造成的狀況。」

而每個球場不同全壘打牆的高低，則會影響外野手守備站位選擇。「像臺中洲際球場的全壘打牆較低，牆邊飛球有機會拚接殺，外野手在深遠飛球時的站位就會比較貼近牆面；而高雄澄清湖球場和新莊棒球場的全壘打牆比較高，即使你想拚接殺也跳不了那麼高，所以同樣的外野飛球，外野手站位不會貼近牆面，反而會站在牆後等待反彈球，若是照常貼在牆面，倘若飛球撞牆反彈，反而會離外野手愈來愈遠，後續需要花更多時間去處理。」

除了全壘打牆外，界外邊界也是外野手需要留意的區域，詹智堯也以自身的守備經驗，舉出不同球場的範例。「像臺南球場的鑽石席就在邊線旁，界外高飛球不需要完全跑到那個位置處理；澄清湖球場則是界外邊界很寬廣，球飛行很遠都還有空間可以追逐處理；新莊最要小心兩邊的牛棚區，因為投手練投區有一個突起的高度，很容易讓外野手追球時愈跑愈高，然後跌倒。」

詹智堯認為在臺灣球場的夜間比賽，都需要特別留意燈柱的問題。「到不同球場比賽，最好留意燈柱設置的位置，像是新莊棒球場，兩邊的平飛球容易吃到燈光裡，常常站新莊的外野手要知道讓自己跑動時移動微調，不要讓視線方向是球一直在光線的路徑裡。各球場其實多少都有燈柱問題，比較特別的是臺南球場的燈柱比較低，飛球太高的時候，看球時會覺得比較暗。」

外野手的隨堂測驗：不同彈性係數的用球

以二〇二二年全年賽季的比賽來看，會發現各隊外野手在習慣低係數用球的守備站位後，偶然有幾場出現用球品質不穩，球時彈時不彈的狀況，讓外野手的經驗站位失靈，教練落點分析資料也失真。

「我在現役時期適逢用球彈性係數的調整，不同彈性係數的用球都有打過也都有接過，彈性係數高的時候，守備站位自然會往後，調低就往前，其實很單純。球比較彈的時候，對內野手造成的守備難度高於外野，因為反彈速度太快內野手很難反應，優秀的外野手應對彈性係數變化都還算適應，球無論彈或不彈都沒關係，因為站位可以因應調整，但是前提是用球品質要穩定，這樣科技部門的落點分析、選手積累的經驗法則才能準確，專業的價值才能被體現。」

外野手的隨堂測驗：留意布陣指令

「打者上打擊區時，場上守備布陣會有變動，有經驗的外野手能自行判斷站位最好，但也要留意場上局勢的變化和教練團的指示，剛開始站的位置若是跟教練團不一樣，後面就以教練團的指令為主。」

有時候外野手憑藉打者習性的腦內記憶站位，但教練團下達的指令則會更貼近當下的戰局現況。比方說二壘有人的時候，外野手認為應該防堵被打到身後形成長打所以站得比較後面，但教練團手邊可能有對戰數據，判斷當時打者形成長打的機率不高，希望縮短外野手回傳距離，以防範短程安打後傳球不及的失分，就會下達指令讓外野手趨前。

「選手和教練團都有經驗，但是不同資料在手，解讀比賽還是會有差異；另外像天色不同，當下如果你站位布陣只憑藉打者習性，卻沒注意到天色變化，教練跟場上的隊友也會發出提醒，幫助選手能夠更精準的作戰。」

外野手的賽後作業：關於外野手套

「外野手的手套比起其他野手長度會比較長，長度是因應守備需求的調性，像內野手因為需要大量轉傳，所以手套不能太深，方便他們接球後快速取球；外野手則是因為常要撈飛球，會希望手套作為手掌的延伸，將延展拉到最長，才不會有手套碰到球卻沒法接到的狀況。」

新的手套需要千錘百鍊，才會有主人接球最舒適的手型，現在外面雖然有廠商專門在幫新手套湯揉，快速做出接球的手型，但詹智堯自己的實戰手套還是習慣自己處理，就是閒暇無事，用前端有一顆球的槌子一直敲手套的虎口，讓接球處凹出球形，湯揉要處理新手套的手型很快，但是詹智堯認為自己慢慢弄出來的手套型才會是百分之百自己要的感覺，畢竟這是要長期在球場上共同奮鬥的親密戰友，如果戴上時有絲毫的感覺不對，上場時的心情就不會踏實。

「我平常很少保養手套，因為長期實戰與練習，手套反而愈操愈勇；如果手套閒置放著沒有用反而比較容易龜裂；以前有聽說一些關於球具的迷信，就是不要給女孩子摸這類的，但我這一方面沒什麼禁忌，我的觀念就是球具是吃飯的工具，不要跨、不要摔，養成尊重它的好習慣，上場前檢查手套線有沒有綁好，不要因為個人疏忽造成失誤，會比相信沒根據的迷信更實際一點。」

上場前要好好檢查手套，不要因為疏忽而造成失誤。

優秀的外野手們

在詹智堯中華職棒生涯重疊過的選手當中，他欣賞的外野手有前興農牛的「火哥」張建銘，還有自己的隊友鍾承祐。

「火哥的優點是臂力、傳球控制能力很好、腳程也快，他比我早幾年進職棒，大學時期的老師曾讓我們與興農牛隊的職棒學長交流請益，他當時就在牛隊陣中。火哥因為我在中華隊就有同隊過，所以很早就有交集；我很欣賞他在場上的拚勁、對比賽的態度，對贏球的渴望和執著，無論在比賽還是練習時，他的自我要求都很高。」

另外一個讓詹智堯欣賞的外野手，也就是他的老戰友鍾承祐，其實在熊隊時期，他們兩位還沒那麼熟，因為他倆一個是不積極社交、一個是悶葫蘆，加上以前詹智堯守左外野、鍾承祐守右外野，中間還隔著中外野手，實戰時比較少互動協力的機會；後來進入桃猿時期，詹智堯開始擔任中外野手，跟鍾承祐的協力合作變多，加上有年資以後比較會一起話當年，聊

老戰友鍾承祐，是詹智堯心目中優秀的外野手之一。

VSA
8

聊菜鳥時期被學長電的共同回憶，交情愈來愈好，教學相長的機會也變多了。

「我很佩服鍾仔傳球的準確度，他的特點是臂力強，傳球時球的旋轉比較正，所以回傳又快又準；剛進職棒時我覺得自己傳球能力還不是很好，跟他不熟的時候又不好意思問，所以練習時都偷偷觀察他怎麼丟。到球隊搬去桃園以後變成好友了我才直接問他，他傳球時除了食指和中指會平行出力外，他在出手時下端的大拇指會往內縮，方便上面食、中指平均出力的瞬間，減少下端大拇指帶來的阻力，讓這個出手機制更為順暢。很多外野手在接球後，傳球是拿到球就直接丟，縫線往往不在平常丟球時常扣的位置，球就容易亂跑，承祐在接球、拿球擺臂準備傳球的瞬間，會讓球在右手中微調握球的縫線位置，讓手指與縫線到慣用密合處再出手回傳，如此一來傳球自然比較不會亂竄，準確度才會提高。」

詹智堯在退役以後，特別看好猿隊未來能夠承繼金手套衣缽的學弟是成晉。

成晉很早就進入職棒，他出身於桃園名校平鎮高中，畢業後就加入 Lamigo 桃猿，因某次石垣島移訓比賽中漏接被教練團屏除於一軍名單之外，當時他年紀尚輕，確實還需要在二軍多加磨練。成晉職棒前三年常駐二軍時恰逢詹智堯因調整狀況脫離一軍戰線時期。

幾次偶然的聊天中，詹智堯發現成晉原來是陳峰民在台南崇明國中執教後培養出的第一屆子弟兵，也是該校青少棒隊第一個打進職棒的選手，彷彿冥冥之中有緣份相繫，十餘年前對菜鳥詹智堯關照備至的陳峰民學長，其培養的子弟兵成晉在進入職棒後也與詹智堯特別投緣，詹智堯也投桃報李，把自己站穩職棒的經驗無私傳授給這位勤學受教的小老弟，成晉在逐年累積經驗和提升穩定度後，終於能在二〇二二年把握機會，在猿隊的一軍舞臺大放異彩。

「成晉在現階段的桃猿外野手中，本就有很好的接球穩定性和跑動速度，又因為投手出身有極佳的臂力，一個優秀外野手所需要的先天素質他都具備，加上自己又勤奮努力，長久以來欠缺的就是在一軍證明自己的機會而已，真的很高興可以看到他打出成績。」

心目中無可挑剔的外野手

若是跨越國籍與時代，鈴木一朗是詹智堯心目中無可挑剔的完美外野手，不管是守備範圍、判斷力、傳球臂力和準確度，當然還有打擊技巧，都堪稱是完美的外野手典範。

詹智堯看好學弟成晉的守備功力足以在未來拿下金手套獎。

「我從他身上學到的不是技術而是態度，因為他技術面的東西太特別、太難複製；我在報章雜誌裡讀到過他說自己不是天才，所有的成績都是靠練習得來的成果；我當時看完覺得，這個在我眼中是天才的人都覺得自己是靠苦練才能成功，那像我們這種資質更平凡的選手，除了苦練，也沒有第二條成功的道路了。」

從茫然苦修到掌握正確方向的勤練，詹智堯追求的不僅僅是曇花一現的璀璨，而是攻守兩端都能長年穩定。從建立正確觀念到訓練效能提升，從經驗積累到科技輔助，天候、球場、對手的資訊習性盡收眼底，他的球場視野海闊天空，也將「穩定」二字透過精湛的守備表現完美詮釋。

從對手擊球瞬間的方位仰角判斷、站位及速度疊加的遼闊守備範圍、路徑簡潔的追球移位，到確實接捕後的精準回傳，詹智堯從二〇一二年起成為無可質疑的外野金手套得主，那一個賽季，中華職棒總冠軍賽的最後一戰，他也以名留青史的「冠軍接殺」，為Lamigo 桃猿隊拿下主場北遷以後的首座冠軍金盃。

職棒生涯看的是長遠和穩健，不需要刻意透過張狂或游刃有餘來突顯自己的能力，十年如一日的安定感自然會給對手帶來絕望，詹智堯的球風充分詮釋這一點，他以低調中自然呈現華麗的球風，伴隨 Lamigo 桃猿隊的軍容壯盛，逐步走向生涯的巔峰。

CHAN CHIH YAO

第 6 章

CHAPTER SIX

桃猿王朝

二〇一一年 La new 企業改以旗下子品牌 Lamigo 冠名球隊，並將主場遷移至桃園國際棒球場，自此球隊命格彷若再造，以 Lamigo 桃猿為名的九年隊史內有七年打進臺灣大賽，六度勇奪總冠軍盃！同樣自「猿年」起脫胎換骨的詹智堯，職棒生涯顛峰期也與桃猿王朝鼎盛時代完美吻合。

二〇一一年起詹智堯連續七年擔綱猿隊開幕戰開路先鋒的重責大任，並六度在開幕戰擊出安打！他生涯共五度榮膺外野金手套獎，二〇一二至二〇一五年締造獎項四連霸也全在 Lamigo 桃猿時代；猿隊在二〇一一年後共七度進軍臺灣大賽，七年來詹智堯都是猿隊冠軍賽名單的不動人選，洪一中總教練更是非常看重詹智堯在爭冠期間帶來的外野守備安定感。

自進入猿隊紀年起，La new 企業少東劉玠廷逐步接管球隊大權，也在新主場的硬體

詹智堯自 2012 年起締造外野金手套獎四連霸，是桃猿外野防區最安定的存在。

設備和球迷服務面展開一連串變革。「球隊搬到桃園以後陸續增設很多訓練和身體恢復的科技輔助設備，像重訓室器材更新、水療機、冷熱水療池、甚至還重金引進跟ＮＢＡ球星詹姆斯（LeBron James）用的同款液態氮冷凍艙，它的功能跟選手平常比賽後冰敷、冷療的原理相同，冷凍艙內噴出混和液態氮氣體，透過急速冷卻來降低組織發炎，及加強新陳代謝，可以迅速幫助選手排解疲勞，原本要泡十五分鐘的冷療，這台機器三分鐘就可以完成。除了器材之外，飲食方面也請專業廚師來打理，對選手的照顧做得更好，讓我們可以更無後顧之憂的在場上奮戰。」

對內照顧選手需求，對外劉領隊則強化球迷服務與觀賽體驗，桃猿行銷團隊在二〇一一年遠赴韓國職棒考察球場硬體、取材應援風格，開始貫徹主場賽事不外移，資源投入單一主場軟、硬體升級的策略。

取材自韓國職棒的ＤＪ歌舞式應援，並以偶像方式包裝啦啦隊女團，將桃園球場打造為適合闔家休閒、唱跳紓壓的主題樂園，猿隊企圖透過改變進場球迷的組成，把市場擴大，再將所得投入設備、服務及商品質感的提升，逐步擴大球場服務項目，為「全猿主場」鋪路。比賽本質上提升團隊戰力和選手士氣、行銷面則強化屬地主義和觀賽體驗，雙管齊下才能獲得進場數的有感提升。

La new Girls（辣妞啦啦隊）在熊隊時就行之有年，美女帶動球賽應援早已成為球隊傳統，隨著猿隊行銷進化，應援風格丕變，啦啦隊女孩也呈現不同的時代樣貌。全新包裝後的LamiGirls，展現偶像女團的影響力，她們適逢網路社群的高速起飛期，成員們會透過社群經營維繫粉絲關注，在球賽以外依舊可以持續吸睛，球團也透過選秀、篩汰精選優化，用心培養，在社群媒體的推波助瀾下，成功將LamiGirls打造為運動風格的偶像女團，這個策略也確實穩定住北遷桃園初期的非假日球場熱區票源。

「那時球迷開始戲稱我們是『LamiGirls附屬男子棒球隊』，某種程度來說其實不算開玩笑，球隊剛搬到桃園的時候，青埔周邊真的是又荒涼又冷清，周邊沒吃的、沒逛的，除了看棒球之外什麼都沒有！而且當年職棒剛擺脫過去的陰霾，進場人數持續低迷，如果不是因為啦啦隊先紅起來有帶起一些新的球迷進場，很難撐起平常日的票房。其實說真的就算一開始是衝著啦啦隊進場也沒有關係，站在行銷的角度，至少要先給民眾新的誘因進場，後面才有機會留住新球迷，讓他們把關愛目光轉移到賽事本身，球隊的支持者才會愈來愈多。」

中華職棒過去普遍被家庭球迷詬病的「小孩嫌球場太吵所以不想進場」的問題，也在編曲演奏方式改變後獲得解決。新時代的球場應援曲目改由專業團隊編曲，錄製球員專屬加油歌，並且都由球場音響播放，取代過去敲鑼打鼓和麥克風、大聲公吶喊帶動的傳統模式。

嚴格來說，舞曲應援的分貝數不比敲鑼打鼓低，但因為音樂性強、節奏感染力高，曲風老少咸宜，具備娛樂性又能琅琅上口，相對較容易帶動球迷舞動同樂，大幅提升家庭球迷帶小孩進場看球的意願，球場的全家福也多了起來。

「其實前兩年啦啦隊在帶應援的時候，球迷還是延續過去比較『閉數（害羞）』的民風，前面女孩們在帶動他們都坐著不動，還會避開眼神接觸；有時候大銀幕刻意去拍球迷們想要讓他們參與互動，球迷也大多都會閃鏡頭。這種保守風氣是從過去延續的，經過很多年的努力才慢慢扭轉過來。」

啦啦隊維持專業態度不斷努力，度過很長一段沒人理會的尷尬期，無論觀眾席的反應如何冷淡她們仍然賣力帶動，直到後面幾年，年輕世代的球迷愈來愈愛表現自我，跟著節奏舞動的人逐漸變多，進而漸漸改變整個球場的應援風氣，當時打鐵趁熱的猿隊高層，直接下令讓單場MVP選手跟著啦啦隊一起在頒獎臺前跳舞答謝粉絲！平常場上威風八面的職棒球星們，站上頒獎臺跳舞時的娛樂效果超乎預期，此一策略讓保守的球迷們發現與

平常場上威風八面的職棒球星們，站上頒獎臺跳舞時的娛樂效果超乎預期。

選手同樂十分有趣，也漸漸願意卸下心防跟進。

「老派的選手難免跟球迷一樣跳舞有點尷尬、放不開，但說真的很感謝球團做出這些行銷方式的改變，讓進場人數慢慢回升、球場的氣氛也更熱情，從新人時期看著休息室對面的觀眾席數得出觀眾人數，到後來假日球場恢復場場爆滿的榮景！走過這段過程真的很有感觸，職業運動員還是需要高關注度，我真的很喜歡在球迷多的比賽打球，這種狀況下會刺激腎上腺素，在滿場應援聲中，激發自我求取表現的慾望會更強烈。」

行銷變革固然有感，但要長期維持進場熱度，球隊戰力的提升絕對不能少。從組織管理而言，Lamigo 雖是聯盟各隊母企業中資本額最小的，但卻是權力核心最集中、執行決策效率最高的球團，也是給予選手勝場貢獻獎金最大方的球隊。

Lamigo 的管理風格走極端現實主義路線，其管理方針的成功點在於充分掌握人性，職業運動員所追求者莫過於榮耀和利益，但比起摸不著的榮耀，最能驅動球員求勝的動力，當然還得靠實質的利益，而勝場貢獻獎金就是最有效的驅動工具。

球隊勝場貢獻獎金是依據每場獲勝的賽事中，各選手的貢獻度來給予月薪外的額外獎金，這是激勵選手力求表現的關鍵手段，舉凡安打、推進、高飛犧牲打、犧牲觸擊、盜壘或種種對球隊勝利有貢獻的項目皆會記錄點數，待得贏球後再依點數論功行賞，配與對應獎金。

雖然中華職棒各隊都有勝場貢獻獎金制，但其他球團有些是點數的金額基數較低、有些則設有單場預算上限，有些球隊甚至在考量到團隊薪資過高的情形下取消勝場貢獻獎金；被外界評價為小資球團的Lamigo在這一點的預算反而沒有上限，不但起算金額基數合理、也都會按點數論功行賞，點數愈高就領得愈多，沒有預算上限；在單週五戰得到三勝或爭奪上、下半季冠軍的關鍵賽事得勝時，選手獎金計算還會加倍，二〇一四年臺灣大賽時，桃猿隊的勝利貢獻獎金甚至漲到二十倍之多！難怪重賞下人人前仆後繼、奮勇爭先。

一支安打獎金一、兩萬對決一支安打獎金兩、三千的戰爭，哪一方的士氣會比較高昂可想而知，況且猿隊的臺灣大賽勝場貢獻獎金只有贏球那四場才會有，只要球隊輸了就一切成空，球員只顧個人表現是沒有用的，一定要以球隊獲勝為前提，個人成績才會利益最大化，在這種狀況下「團隊勝利優先」自然而然地成為眾志成城的想法。

另外，團隊風氣的轉變對於總體戰力提升至為重要，因為有人的地方就會有紛爭，古今中外的團體職業運動中，各球隊都會有派系，選手對教練有意見、發牢騷、搞串聯也都不是新鮮事，但猿隊在劉玠廷領隊的治理下就是明確傳達百分之百支持洪一中總教練管理風格的態度，讓所有檯面下的派系之爭消弭於無形。

過去幾次猿隊選手與教練團意見相左時，劉領隊居中協調、軟硬兼施，視狀況彈壓或搓湯圓當和事佬，巧妙的將球員與教練團間的衝突轉化為「雙方都是求好心切」的說法，讓眾人都有臺階可下；但無論採取任何手段，高層處理人事時的言談間都明確傳達出「洪一中政權不容挑戰」的訊息。說來奇妙，在有老闆權限的高層出面力挺的情況下，球員的團結力道無法施於對抗教練團，就只能漸漸轉化為球場上提升火力的薪柴。

傳統時代，老一輩的教練很忌諱資深選手越權指導學弟，也讓過去的學長比較習慣獨善其身，不隨便對遇到瓶頸或做錯的學弟主動發表意見，所以閉口不言或只酸不教的狀況屢見不鮮。

老學長之所以不主動教，是尊重教練有自己的指導方式，雖然不見得適用每一個選手，但是老教練看選手印象分很重要，倘若教練指導了內容，隔天卻看到你用學長教的打法打，教練可能會對學長有看法，影響他的上場機會；所以學長們怕越權，要嘛不敢教、要嘛就是教了叫你別講是他教的，這種獨善其身、隊友間難有互動相長的風氣，正是老派教練的管理風格所致。

進入猿隊時期以後，教練團組成開始改變，老派教練逐漸換成新世代的成員，雖然洪一中總教練依然大權在握，但他本身作為管理者的色彩遠重於指導者，他掌握球隊的大方向，細部教程則責成各部門教練；隨著時代變遷，新觀念逐漸引進臺灣棒球圈，透過新媒體快速傳遞，改組後的部門教練們也更具備吸收新知、選手互動和交流成長的空間，當教練團管理風氣自保守轉為開放，球員之間的互動風氣自然也會隨之改變。

隊風改變的起因在於教練團世代交替，而催化劑則是二〇一一年猿隊在進軍臺灣大賽後以一勝四敗輸給宿敵統一獅隊再度與冠軍盃擦身而過。此次鎩羽不但沒有讓選手士氣受挫，反倒點燃全隊上下的求勝火焰，加速催化世代傳承和團隊互助的新隊風。

「從二〇一一年起，智勝就會開始帶頭激勵球隊，會做這件事情是因為那年打進冠軍賽最後卻敗給統一獅，當你終於有機會可以一圓冠軍夢，結果打完發現自己還是技不如人，心裡會覺得很嘔、很不甘心！我們體認到如果不想再輸，所有人都得一起強！從那時開始，資深選手更願意分享訓練和比賽時的心得，大家的交流更頻繁、更不吝將經驗傳授給學弟。」

但職棒是殘酷舞臺，何以猿隊的主力學長絲毫不怕傳承經驗後自己的位置會被新人取代？

「我們那個世代的主力對自己的實力很有信心，我們都很清楚團結互助，讓團隊成績好，大家才會一起好的道理；只靠學長好是沒有用的，要讓學弟參與進來一起成長，團隊戰力的提升才會快；我的職棒生涯都跟一些個性好、樂於助人的選手長期相處在一起，除了智勝之外，像浩然、鍾仔、智平再加上我，我們當球隊主力的時候，會去分享經驗，分別跟內、外野和捕手的學弟們交流，他們實力提升我們不怕，只要自己練習得比學弟更勤、從不停止對進步的追尋，你就不用擔心會被取代。」

在良性競爭的氛圍下，猿隊的團體戰力急速飆升，在一年之內脫胎換骨，克服了過去熊隊時期老是被宿敵壓著打的夢魘，在二〇一二年就完成了甜蜜復仇。那種對戰統一獅老是落下風、打起球不順手的感覺，終於煙消雲散。

統一獅當時也是球隊氣氛和士氣常處高昂態勢的球隊，詹智堯剛進職棒之初，熊隊一直有只要去臺南客場跟獅隊打就很不順的感覺。這也是為什麼二〇一二年臺灣大賽能夠擊敗宿敵統一獅是他經歷過印象最深的一次總冠軍賽，那是他職棒生涯第一枚冠軍戒指，加上前一年才剛在冠軍賽敗給統一獅，隔年馬上就有機會復仇，此次猿隊有備而來，全隊的感覺都不一樣了。

「我還記得二〇一一年第一次打總冠軍賽的時候，腦海裡一片空白，緊張、興奮、茫然的情緒全都混雜在一起，雖然人站在球場上，但沒有辦法很明確的進入比賽、讓腦袋設想好有狀況時可以怎麼應變，也掌握不好球賽的節奏。到了二〇一二年，身在比賽其中時，我已經能看得懂比賽走向，也知道什麼賽況下自己該做什麼事才是對的。」

冠軍夢 兄弟情

二〇一二年總冠軍賽，鍾承祐是桃猿隊的主力打者，當時他正處在生涯的顛峰期，卻在總冠軍賽期間被觸身球打傷手，後續比賽全部報銷。詹智堯知道他心裡很不甘心，因為生涯初次奪冠的時刻沒有辦法和隊友並肩站在球場上，那種悔恨的感受任何血性男兒都能

職業棒球大聯盟總冠軍
BL CHAMPIONS
CHAMPIONS
TAIWAN SERIES

2012 年打敗宿敵統一獅，初嘗冠軍滋味。

體會，當時桃猿隊喊出「拿下冠軍，帶鍾仔去韓國打亞洲職棒大賽」的口號！當詹智堯完成冠軍接殺，比賽結束的第一時間他想到的就是去擁抱鍾承祐，親口對他說「我們一起去韓國！」

終能打敗宿敵統一獅隊拿下生涯第一枚冠軍戒指，在享受榮耀的時刻，詹智堯第一個想到的是與無法上場的戰友鍾承祐相擁，這對個性拘謹內斂的外野拍檔在鏡頭前竟然雙雙流下英雄淚。

鍾承祐跟詹智堯平常在球場上鮮少有情緒起伏，無論打好打壞，職棒生涯絕大多數時刻在場上都沒有太多表情和肢體動作的變化，一方面是這樣不易讓對手察覺自己內心的真實想法，另一方面確實也是天生個性使然。這對超級好朋友終於成為冠軍隊成員的時刻，兩人回首前程往事，種種艱辛磨練終能含淚收割，感慨萬千下真情流漏，相擁而泣的經典一刻，也被敏銳的 Lamigo 隨隊攝影師魏銘孝完美捕捉，留下經典流傳的一張好照片。

二〇一二年起，詹智堯八年內六度打進臺灣大賽都拿下總冠軍，而這六次的冠軍系列賽中他認為球隊打得最艱難的一次，當屬二〇一五年臺灣

確定奪下總冠軍的瞬間，與因傷缺陣的戰友鍾承祐相擁而泣。

大賽對決中信兄弟所上演的絕地大反攻。

二〇一五年，兄弟除了既有的老將，年輕世代選手也都成長茁壯，當時他們陣中有老將彭政閔、周思齊、林威助壓陣，中生代有王勝偉、張志豪和張正偉，年輕一輩的有蔣智賢、許基宏、陳子豪，可謂老中青齊備，他們同樣是吸取前一年在冠軍賽的失敗經驗，挾著強大氣勢前來復仇。猿隊前四場一路被壓著打，陷入一勝三敗的懸崖絕境，當時所有人都認為這個系列賽已經大勢底定，兄弟距離冠軍盃僅剩一步之遙，猿隊要逆轉的機會真的很渺茫。

雙方氣勢落差在第五戰後發生逆轉，那天桃猿作客洲際，中信兄弟已經聽牌，全場象迷都沉浸在即將封王的氛圍當中，系列賽劣勢和客場內的氣氛都帶給猿隊龐大的壓力，結果那場比賽 Lamigo 先發投手王溢正完投九局技壓全場，林智勝單場敲出四支安打，猿隊以大比分領先獲勝，又在完全沒耗費牛棚的情況下拿到關鍵的第二勝，將戰線再度拉回桃園主場，就在第五戰拿下以後，氣勢風向逐漸轉向猿隊這邊。

除了王溢正的關鍵救場，那年猿隊洋投明星（Pat Misch）的表現居功厥偉，他一人在冠軍賽獨拿兩勝，在第六場還上來中繼守成，第六戰打到八局猿隊五比三領先，明星上場投第八局，結果因為對好壞球的判定不滿，差點衝上去跟主審理論，當時洪一中總教練果決跨欄衝出休息室擋在明星身前，代替他跟主審理論，如果那天洪一中衝出來的速度再慢一點，明星很可能因為抗議好球帶被驅逐出場，如果他被禁賽，第七戰的勝負就還在未定之天。

二〇一五年十月二十五日，臺灣大賽第七戰，在洪一中總教練的神跨欄後順利躲過禁賽危機的明星再度銜命登板，他先發九局僅投出一次保送，讓中信兄弟連一支安打都擠不出來，在冠軍決勝戰投出臺灣大賽史上首次無安打比賽，展現神級宰制力！在投手的絕對威壓下，打者也得以大展身手，詹智堯在這場殊死戰中單場擊出兩支安打，投打將士用命下，幫助球隊完成奇蹟大逆轉！

制服組與總教練

洪一中總教練，從猿隊大場面的經典回顧常常可以看到他的身影，他的確是桃猿王朝的靈魂人物。早年熊隊執教時期，比賽用球彈性係數較低的時候，他當時是個戰術狂，在

CHAMPIONS

Lamigo 桃猿隊眾志成城，
多次在逆境下用不放棄的精神奇蹟逆轉。

比賽中下戰術的次數頻繁到讓當時看台上帶應援的熊隊後援會成員直接透過麥克風疾呼：

「總教練你別再點了。」

但洪總教練審時度勢的敏銳度極高，當他發現用球彈性係數提升、靠長程砲火才能決勝負的趨勢到來時，他便不再採行觸擊和推進打法，讓具備長打實力的好手自由發揮，僅僅在少數分數膠著的比賽時，對後段棒次下達戰術指令。

作為總教練，他當然也有喜歡和不喜歡的選手類型，他喜歡揮空率低、守備穩定的野手，相反的，揮空率高、守備穩定度較差的球員他就不太愛用，但他擅長解讀比賽和觀察趨勢，當身處彈性係數高、靠長打打天下的飛球時代，他就會拋開個人喜好，使用當前趨勢下能讓球隊獲取勝利最有用的選手，像「酒窩大砲」朱育賢就是在這個時空背景下開始得到重用。

說得詳盡一些，「能夠拋開好惡」包含兩個層面的意義，一個是跟他棒球觀中欣賞的選手型態不同者他能夠重用、一個是對他有意見，且常常跟他唱反調的選手他能夠重用；這兩種用人不論好惡的範例，對任何一位高階經理人而言都非易事，但是洪總教練都做到了，因為他的目的只有贏球，其他都不重要，包含自己的好惡。

洪一中總教練是真的每一場都想贏，只要你是可以幫助球隊獲勝的選手他就會用你，不論出身和交誼，一切只以實力至上，猿隊在洪一中執政時期唯才是舉，自然也會常常看到好用的投手一直用，也會看到有選手跟他不對盤、常常透過媒體或活動明裡暗裡表達對他的不滿時，他還是使用選手做為主力，讓他把紀錄刷好刷滿。選手是否真心擁戴他並不在意，他私下也不跟選手講情，沒有球場外的互動交集，更別提任何情感交流，他的本質是一個管理者、經理人（Manager），跟選手過從甚密，容易影響他調度上公事公辦的態度，狀況也會變得比較複雜。

「做為球員的時候，選手都希望高層站在球員這邊，成績不好時可以推說是教練沒有好好用我、沒給我足夠的機會。等自己在教練的位置上，看到的問題面向更多，那時又會希望高層可以力挺教練，因為無論哪一套理論或訓練系統，無論球隊的政策是想 win now 還是重建養成，都需要同一個教練團、同一套中心思想在球隊內長期運作，才能慢慢收到成效；如果只看當下，一時戰績不好就一直換教練團，球隊能夠得到的結果只有每年不斷的重開機，球員繼續茫然找不到方向，無止盡的拖延重建的期間。」

桃猿高層做得最好的一點就是力挺教練團，力求化解衝突的同時，明確讓選手了解他們對教練團的絕對支持。不管國內外任何團體職業運動，選手都會有自己的想法，但若是主力球員與教練團發生衝突就去動搖管理權威，長年分散治權且由選手主導的球隊，得到強盛的機會是極其渺茫的。

在高層幾次居中協調後，球員開始認知團結運用在對抗教練團身上是無用功，總教練與（實質上具備半個老闆身分的）領隊就是同一陣線，球員們能夠做的就是把多元的想法和凝聚力轉化為讓彼此更好的力量。難以動搖的治權，是猿隊歷經內部震盪後反能讓結構更為緊密的關鍵，無論外界是否認同這種做法，都是客觀事實。

洪總教練觀察選手特質基本上是準確的，他想要提拔的新人資質也都不錯，而他特別著重於新人得到機會時的表現，此時的印象加權很重，在二軍待機的選手總有等到被洪總開箱測試的一天，倘若機會來了沒有表現出來，他的印象就會不好，而該選手要再被他想到就需要更漫長的等待；反之，若能把握契機一鳴驚人的新人，就很容易得到洪總教練的破格重用。

在此用人風格下，Lamigo二軍和板凳席上養成人人摩拳擦掌、躍躍欲試的氛圍，無論迎來一軍首秀的新人、還是得到代打機會的二線，每個人都有時不我待的覺悟，隨時將自己做好準備等待洪總欽點；所以新人一軍首打席全壘打、神來一棒代打神調度的範例才會頻繁出現，這也是各隊非主力選手都應該具備的企圖心，主力中肯定有資深選手過去長年獲得較多機會並扛起大部分勝敗責任，如果年輕選手在板凳或二軍待機時因為機會和責任都不在自己身上，就沒有勇於爭搶先發的進取心，當有一天教練團決定給你機會的時候你也沒有實力可以把握得住。

角色轉換 從阿堯變堯哥

沒有職棒選手能快速意會到自己應當要退居二線了，尤其是曾經戰功彪炳的球星們更難接受這個事實。

詹智堯的生涯軌跡涵蓋了整個 Lamigo 球團經營史，他的生涯顛峰也和桃猿隊最強盛的時期重疊，九年來七度拚戰到最後的冠軍賽，作為猿隊的主戰中外野手，他的傷勢問題也隨著年歲逐漸浮現。

二〇〇九年肩膀受傷沒有動刀，詹智堯仗著少壯持續帶傷在場上拚戰，但隨著年齒漸增，以及二〇一六年賽季一次撲接飛球導致舊傷復發，肩膀傷勢已不只是讓他的球場表現打折扣，甚至已經影響到他的日常生活，二〇一六年在還沒選擇開刀治療之前，他連睡覺的時候肩膀都在抽痛，在季初肩傷最嚴重的時期，他還因為手臂痠軟，早上起床連棉被都掀不開。

在二〇一六年底猿隊確定無緣季後賽，他終於選擇開刀根治肩膀傷勢，手術後原本預期可以恢復到受傷以前的狀態，但從復健結束到後來開季上場實戰，他感受到術後似乎無法盡如己意，最顯著的就是影響揮棒，他在復出以來的揮棒角度仍然沒辦法延伸到頭的後方，這就代表他在打擊時是沒辦法完整釋放力量的，整個揮棒的感覺，無法呈現過去的完整流暢。

「我原本以為手術就像是修理機器一樣，修好了以後機器應該就可以跟之前一樣運轉，結果後來發現運作時的反應會慢半拍，身體跟不上想法。常常碰到自己已經設定好要打的球，結果身體跟不上思考。」

因為傷後復出的狀況不佳，他開始被下放二軍調整，在二軍與同樣動過肩膀手術的林威助和潘武雄交流後才知道，打擊狀況無法盡復跟手術後的身體改變有關。他也在開刀後積極尋求球隊體能教練的協助，詢問揮棒不舒服、感覺不好該怎麼做調整，後來也只能夠透過復健，期盼久而久之手臂揮棒的角度能夠拉回來到過去的狀況，但是從二〇一七年起，詹智堯在實戰中愈來愈無法展現理想的揮棒，而且就在這個時期，球隊的年輕新銳一年比一年多，他這才驚覺自己已經是個沙場老將了。

二〇一三年以後，高中大物跳級挑戰職棒的風氣日盛，光是猿隊的部分就有梁家榮、林承飛、成晉這些十八歲高中畢業就加入職棒行列的年輕人，這些小詹智堯不只一輪的後浪愈來愈多，他開始被這些小老弟「堯哥」、「堯哥」的叫，當作球隊的資深學長看待。

跟同屆相比晚了兩、三年打職棒，詹智堯在職棒生涯剛起步的時候認定自己應該能打個十年就很了不起了，到時自己三十六歲，應該可以規畫轉換跑道的事。但真正進入職棒後，他的心思幾乎都耗在正確訓練方式的追尋，每天腦袋想的都是怎麼揮棒才能應付一軍的投手，比賽後回家不斷回顧今天的投打過程、再去思考明天要對付投手的策略，日復一日，一直在這個循環中苦苦掙扎。

「新人時期我是一個靠天賦找感覺的選手，繞了不少彎才找到正確的道路，後來年紀漸長，隊上學弟愈來愈多，看到一些年輕選手跟我當年一樣憑藉天賦在打球時，我會分享自己的經驗幫他們少走一點冤枉路，畢竟天賦是老天爺給的，哪時會收回去不知道，外野手靠腳程彌補判斷和站位經驗不足的人，當有一天腳程變慢時缺點就會浮現，最好趁著年輕、天賦還在的時候努力修正弱點，找到適合自己穩定操作的訓練方式和確切的球隊定位，這是年輕選手最重要的當務之急。」

從「阿堯」到「堯哥」，他記取了前人的教訓，不重蹈「強行指導」或「只酸不教」的刻板教條，而是先觀察學弟的個性和需要，了解對方需求後再提出看法；如果學弟場內外有做不好的地

職棒生涯征戰多年，從昔日的菜鳥變成陣中的資深學長。

方，也會透過實際案例當下明確解釋給他聽，這樣才會達成教學相長的目的。選手生涯後期這類的交流機會愈來愈多，他開始認真思考是不是真的有機會朝當教練的方向努力，轉換另一個身分，傳授過去三十年來棒球教他的事，似乎已經成為他職業生涯的新目標。

在桃猿王朝的鼎盛時期，詹智堯長年處於被需要、被重用的位置，如今因為年齡和傷勢，做為選手的他只能退居二線；但即便做為傳承的角色，一個過去長年被球隊需要的職棒球員，也希望找到一個真正迫切需要他協助的新舞臺。

進入到樂天時代後，桃猿隊的外野接班態勢已然成形，球隊風氣延續著過去傳承下來的優良傳統，自律、自主、自強，前浪成績穩定、後浪方向明確，詹智堯能夠發揮協助的空間已然不大，況且這個環境他已經待了十幾年，學弟們跟他實在太熟了，如果真的在母隊轉任教練，詹智堯擔心自己實在無法被昔日的戰友說自己換了位置就換了腦袋。

「我很感謝樂天對我的重視和規劃，但是我經過長考以後沒有選擇在樂天擔任教職，面對這群學弟，我很難板起面孔作出嚴厲的模樣。如果情況到了必須要嚴肅的時候我卻做不到，反而無法成為一個稱職的教練。所以心裡才萌發出換一個環境重新挑戰的想法。」

從熊隊到猿隊參與大小戰役超過千場，伴隨球隊從弱小走向強大，詹智堯的青春歲月都奉獻給了桃猿隊，一起經歷挫敗、蛻變、成長到輝煌，如今步入職業選手生涯的最終章，詹智堯心中滿是感恩。

「從誠泰轉賣、米迪亞解散，我能打職棒是因為La new球團的器重，我才能夠延續職棒生涯，La new企業給了我一個安心打球的環境，讓我在這個健全的體系下穩定發展，此時此刻，我除了感謝還是感謝。在球隊十三年期間，從不被看好，到成為常勝軍、拿下三連霸，有很多的回憶，跟著球隊一起成長一起茁壯，首先想感謝的是十三年來，從La new體系開始，培養我的劉保佑董事長跟劉玠廷領隊，沒有他們我不會踏進職棒這條路，還有新接手的樂天球團，一直在幫助我、照顧我，尤其在我有了跳脫舒適圈，想嘗試新挑戰的想法時，願意幫我一把，我很難透過文字或語言來表達我心中的感謝。」

「我很清楚，沒有什麼決定是不需要付出代價的，但樂天球團卻願意替我擔下這些困擾，球團對我的好，我會永遠記得，感謝樂天球團及領隊、副領隊的成全，願意將我放在六十人外，讓我能有更多選擇的機會，持續在職棒這條路上前進，謝謝你們。感謝我的家人、球員生涯過程中幫助過我的每個貴人，還有無論我的成績如何都永遠替我加油應援的球迷朋友們，謝謝你們陪我一起走過這麼長的時光，未來不管我到了哪裡，我都會帶著所有的支持不斷向前，也期待你們能繼續看著我，走出不一樣的新旅程。Thank You 10！所有十號隊友們，我們珍重再見！」

CHAN CHIH YAO

最新的起點

第 7 章

CHAPTER SEVEN

二〇二一年十二月，歲末。

中華職棒各隊六十人保護名單公布截止日前一週，詹智堯與樂天桃猿浦韋青領隊在球團辦公室內會晤，浦領隊對詹智堯表示「阿堯肯定在我們的六十人名單以內！」充分展現對這位沙場老將的尊重。

但出乎意料的是，詹智堯並非是來確認自己會不會被球隊續留，相反的，他希望能被放在球隊六十人名單以外，到其他球隊尋求新的發展契機。

「從現況看起來，樂天的傳承做得很好，選才、養成系統很健全，外野陣容的銜接幾乎沒有斷層，雖然我在桃猿的最後兩年已經開始擔任傳承和訓練輔助的角色，但我其實很清楚球隊暫時沒有這麼需要我；在職業運動裡無論做為選手或教練我都希望被需要、被認

即便轉戰富邦悍將，猿隊依然在引退賽中展現對詹智堯的尊重。

同，因為這是我的生存價值，我不希望靠勢過去的成績讓球隊念舊情給我容身空間，如果真的要轉任教練，我希望可以找到一個能讓我傳承所學的舞臺。」

幾經溝通，猿隊高層充分理解詹智堯的想法並予以尊重，從善如流的將他置於六十人名單外。在各隊公布名單後，立即有人向他提出教職邀約，邀約者是他的昔日好戰友黃泰龍。

過去幾年在中信兄弟擔任內野教練頗受好評的黃泰龍，因為妻兒都在北部，為了能多陪伴小孩的童年時光，決定轉戰富邦悍將擔任首席教練；在他確定動向後，首先就向已成自由之身的詹智堯發出邀約。聽聞好友黃泰龍、王勝偉都已相繼轉戰富邦的詹智堯，在各項誘因驅動下，正式決定以選手兼教練的身分加盟富邦悍將！

大學畢業十餘年後重新披上富邦戰袍，這是回到起點、也是全新體驗！昔日母校臺灣體院的贊助企業正是富邦，臺體校隊以富邦公牛為名，球衣胸前斗大的富邦二字已成傳統，如今身披富邦悍將的球衣，對詹智堯而言是一種既熟悉又陌生的感受。

「讀大學時對企業贊助球隊的概念不太了解，以前打只有大學生參加的大專比賽時，球衣上繡的是臺灣體院；打有社會人士參加的甲組比賽時，就會用富邦公牛的隊名出賽。當時球隊的木棒、球、打擊手套、球衣、護具這些消耗品，以及外出比賽、移訓的餐飲住宿等費用，我本以為都是學校花錢買，後來才知道全部都是富邦企業贊助。感謝富邦從三十年前就願意積極投入學生棒球運動的深耕，我們才有良好的環境接受訓練和培養。」

富邦公牛在詹智堯和王勝偉領銜的時代是業餘成棒的常勝軍，秉持著感恩心情，詹智堯希望投身富邦悍將後，有朝一日能讓這支職棒隊在外界也擁有同等的常勝評價；但以他加盟富邦悍將時的球隊體質來看，這會是一項非常艱鉅的挑戰。

在富邦接手前，球隊前身義大犀牛打線裡威震天下的四連星張建銘、胡金龍、高國輝、林益全，其中前三名都是外野手，再加上二〇一五年季中入隊的林哲瑄，這批選手在生涯全盛時期是義大犀牛賴以克敵制勝的打者；在奪得總冠軍的六年後，這群昔日的外野核心班底或離隊、或老化，球隊世代交替也開始出現斷層，候選接班的新銳群在攻守兩端都還無法穩定輸出貢獻，這也是詹智堯在接任外野教練以後最需費心協助之處。

二〇一六年賽季義大犀牛在奪得總冠軍後轉賣，到富邦集團接手後的第六年，球隊陣容面臨青黃不接的困境，新生代戰力的養成步伐又較為緩慢，在追求「Win now」的政策下只能繼續仰仗資深球員搏命演出、新人持續待機，其結果是戰績低谷徘徊，導致總教練更換頻繁，教練團成員多次改組，選手對不斷更迭的訓練系統也產生無所適從的情形。

「無論是哪一組教練團都各有優缺點，但相同的是任何教練團都需要時間去了解球隊的每位選手，才能知道他們的能力到哪？優缺點為何？需要怎樣的協助？教練花時間了解後才知道怎麼幫忙調整，就算能對症下藥，選手訓練的成果也不是一蹴可成，需要時間積累才能見效。」

富邦集團在籃球隊的成功有目共睹，富邦勇士過去無論身處任何聯盟都屬於常勝軍團。籃球是個可以仰仗少數巨星加盟，快速改變戰局的運動項目，所以NBA近年才會興起大牌球星抱團速成冠軍隊的風氣；但棒球比賽的變數太多，單一選手的表現對戰局影響力相對更低，堆疊球星的做法很難快速改變團隊戰績。

職棒球隊的強盛需要仰仗團隊總體戰力的提升，提升關鍵在於擁有一套「長年穩定運作且溝通協作順暢的教練系統」，除執教核心精神能夠在球隊落實貫徹外，後勤單位如球探、育成、情蒐、科研等單位，都能恰如其分的予以輔弼，球隊組成中，各世代主力年齡層銜接健全，經驗傳承暢行無阻，才能將互動效益最大化；而無論在訓練、選秀、養成和情蒐，各單位工作運作都需要建立在同一套教練團和後勤系統成員「長年」穩定合作的前提下，才能培養默契、落實分工，貫徹球隊風格、提升部門績效，讓戰力有感強化。

富邦悍將往年的經營策略近乎以籃球隊成功法則套用在棒球隊上，無論在教練團或選手組成，都挹注大量投資爭取明星教練、大物選手和頂級洋將帶槍投靠，期盼他們入隊後快速見效；也因為鉅額投資，所以球隊每年都以奪冠為目標，忽略了自接手以來球隊其實已經面臨世代交替的關鍵期，新銳無法銜接，戰力出現斷層，多年來沒能進軍臺灣大賽不說，新秀的養成計畫也一再延誤，既沒有贏在當下，也沒有贏得將來。

因為對重建沒有體認，每當戰績不如預期時，總教練就在輿論抨擊下扛責下台，如走馬燈般輪替，隔年新主帥上任後改組教練團，並帶來新的訓練系統，年輕新秀還摸不清楚前任教練的執教體系，就又要重新適應新的系統；教學系統和調度風格一變再變，連資深選手都難以適應，新人的養成自然難見成效，富邦悍將自此陷入教練團改組、適應新系統、戰績不如預期、教練下台，再次改組的惡性循環，也讓本應為時三年就可看到曙光的重建期，永無止盡的延長下去。

相較於樂天桃猿的中生代們已經扛起戰績責任，富邦的新銳外野群過去幾年的茫然無助詹智堯完全看在眼裡，他們或許更需要經驗豐富的資深外野手指導和傳承。

「二〇二〇年的秋訓時，我在猿隊其實就已經在做助理教練的工作，一邊協助教練團訓練選手，一邊觀察當教練需要做的事。當教練的第一要務就是要先觀察球員的狀況，這也是我剛來富邦時設定的第一個目標，沒有先瞭解選手需求的話什麼工作都沒辦法開展。」

這也是為何丘昌榮總教練上任後在二〇二二年一月會開辦悍將重訓營的原因，這個訓練營讓球隊二十八歲以下的選手參與，內容不僅是做重量訓練，而是讓年輕悍將們學習一套季前蓄積體能、鍛鍊身體素質、穩定基礎技術和維持慣用技能的訓練模式，也讓新教練團成員透過訓練互動了解每位選手的身體素質、發現個別問題，並在後續予以協助。新科外野教練詹智堯就是在重訓營期間，觀察球隊的新生代外野手群的優缺點，對他們需要加強改進的項目，有了更進一步的認識。

「以（申）皓瑋而言，他算是富邦年輕外野手身體素質較佳的，有速度、協調性好，也是這幾年實戰經驗較多的一個；他的課題在維持比賽專注度，每個球員都很重視打擊，他也不例外，但過去他會在一個打席結果不好後，影響到他的跑壘甚至是換局後的守備專注度，在比賽當下拋開打不好的打席是一個課題，尤其是得到長期穩定先發的機會後，長期比賽、訓練，球季中後段打到彈性疲乏的時候，專注度能不能維持會是長期擔任主力者的課題。經過一年的觀察，可以看到他記取教練的提醒，吸收經驗，未來可以期待他的成長。」

另外像二〇二二年九月初次升上一軍的外野手廖柏勳，過去四年內經歷三次選秀會落選，但他沒有放棄打職棒的夢想，從富邦悍將自主培訓選手身分出發，在九月成為正式球員登上一軍舞臺。一個二十五歲才打職棒的大齡新人，讓詹智堯想起過去的自己。「廖柏勳的棒球理解力和身體能力不錯，但也還有很多東西要學習，尤其打擊還需要適應一軍的投手，登上一軍後順利敲出首安，也發生了職棒生涯初次守備失誤，但因為好不容易才有機會擠進職棒，在練習時我可以感受到他追求進步的積極度，未來還有成長空間。不管幾歲進入職棒，有危機意識逼迫自己成長是很重要的，每年選秀以後都有新人入隊，如果在線的球員沒有突破或是穩定的表現，很容易就會被淘汰。」

外野手的守備失誤造成的損失都會相當慘重，一旦出錯就會成為眾矢之的，富邦悍將的年輕外野手普遍擊球和長打潛力不錯，但跑壘觀念、守備判斷和傳球連動等環節能力都有較為顯著的不足，要改善團隊守備表現，詹智堯需要因應選手素質和個別問題因材施教，日常相處雖然可以平易近人，但做為教練身分時，該嚴肅導正的問題他絕不手軟，因為小處放鬆，就會在大處釀禍。

在彈性係數下修的年代，小比分比賽屢見不鮮，當雙方比數膠著、戰局緊繃時，拚的就是誰能頂住高壓、維繫球隊氣勢先馳得點；但若是此時出現離譜的失誤，導致的將不只是掉分的結果，更會讓團隊緊繃的神經斷裂，氣勢一瀉千里。在近年低比分賽事量產的情況下，守備穩定度就愈顯重要。

外野手若是追球路徑雜亂，常常繞一大圈才追到球，那就是站位和判斷經驗不足，除了提醒，就是透過不斷練習和實戰改進。詹智堯認為外野手需要用心做功課，不能總抱持

「只要有接到就好」的態度，應該記錄打者習性、善用落點數據，獲得更精準的站位，讓自己接得更輕鬆、也才能處理更遠、更多的外野飛球，守備才會得到真正的進步。

很多年輕選手其實在二軍的表現都不錯，被二軍教練推薦上來，結果上到一軍或許是感受到氣氛跟戰績壓力，還有環境、天色都跟二軍比賽時不同，看他們打球的人一多，結果就慌了手腳表現失常。心理建設沒做好，就算有技術也不能算是一軍戰力。「我常跟選手說，一軍是來輸贏的，不是來練球的，如果只能在二軍表現好那就留在二軍好了，過去幾年學長在你們前面扛住壓力，確實是少給年輕選手機會；但是現在機會也都給你們了，如果上場不能展現搶到位置就不再讓給別人的企圖心，那缺乏機會就不能再怪別人，只能怪自己。」

詹教練的一天

從詹智堯變成詹教練，詹智堯的一天雖然仍然是在球場裡度過，但跟以前的內容可是大相逕庭！

賽季進行時，一個禮拜至少有一天會是練球日，在練球日那天，教練們會比球隊集合時間提早一至一個半小時到球場，因為部分選手也會提早到球場做訓練，那時教練們會去看看他有沒有需要協助，像是室內打擊練習、特守等等。

在團隊練習前，教練團會先進行會議，討論近期比賽的狀況、練習時要因應做的加強、或需要額外提醒選手的重點。有時候提醒選手的內容不只是自己球隊比賽發生的案例，也可能是其他球隊的賽況，因為難保有一天不會發生在自己比賽的時候，所以也可以提前機會教育。

在球員們都熱身完畢後，就會開始按照預排的訓練課表去練習，訓練課表的安排是由教練幫選手擬定，會按照球員近期的狀況、場上需要留意的細節和訓練加強的重點來規劃內容。

「守備練習時，我們會先做內、外野綜合守備，就是外野手跟內野手做回傳搭配，完成後才是內、外野手各自帶開分科訓練，除了例行傳接練習外，會有十五分鐘的時間練單獨幫外野手安排的課表，內容會針對近期比賽的狀況做加強，所有外野手會一起練

從選手轉換身分為教練後，詹智堯在球場中需要兼顧更多面向。

這份訓練課表，比如今天我替外野手安排的訓練，是放在全壘打牆前的接球練習，練完後再做加強位移訓練，以及兩個外野手之間的喊聲默契配合，這些都是在外野分科訓練時會做的項目。」

守備練習結束後開始做打擊練習，會以四人為一組，每一組都包含內野手、外野手、捕手，輪流做打擊、守備和跑壘練習，當輪到其他組員打擊時，沒輪到的外野手可以練守備，做打者觀察、守備判斷和接球練習。

因為詹智堯除了負責外野部門，同時還身兼跑壘指導教練，所以跑壘訓練時他也會去跑壘組提點，到球季開打，實戰間發現選手的跑壘判斷有瑕疵，他會記錄比賽案例，在跑壘訓練時做提醒。以前當選手的時候他總認為這些都是基本功，怎麼還會需要提醒？直到擔任教練以後，前輩告訴他要把選手當小孩、當初學者去教育觀念，落實在訓練過程，他才明白年輕選手如果不在日常訓練養成正確觀念，上場後真的會有很多意想不到的事發生。後來他盡量在事例發生前就提醒，有看到跑壘瑕疵，就多做討論，讓選手動腦設想自己若是處在某個情境下的跑者會怎麼做？實戰時比較不會發生類似失誤。

比賽日的前置工作和練球日差不多，晚間六點半開打的比賽，詹智堯一樣會提早到球場看選手有沒有需要協助；下午兩點時先進行十分鐘的教練團會議，開完後再接著開球員會議，此時會鼓勵球隊士氣、提醒選手今天比賽要注意的重點，接下來就是公布當日的先發名單，之後一樣是暖身做操、傳接球、守備練習、打擊練習、跑壘練習，在賽前要提醒的東西，大多會在練習階段全數提醒完成。

選手完成練習，會在四點半過後稍事休息、簡單用餐然後換裝，大概傍晚五點半時會進行打擊會議，讓打者們觀看先發投手的影片，如果近期剛好有發生跑壘相關的瑕疵，詹教練會趁這個時間點調出影片讓大家看，給選手賽前留個印象，之後不要犯類似的錯。

晚上六點以後開始進行賽前熱身，接著球員就準備上場比賽，外野守備教練在賽前會提醒野手當天的風向、燈光和對手習性，並根據賽況提醒野手守備位置的移動，比賽時再看選手臨場狀況隨機應變。

在球隊進攻時，詹智堯要坐鎮一壘線邊擔任指導教練，球員上壘以後要提醒出局數、當前的暗號，還有投手牽制速度快慢；在對方投手投球時，一壘跑壘指導教練會用碼表計算投手出手到投進本壘板的時間，並在有腳程的選手上壘後提醒他，方便跑者抓離壘距離和盜壘時機。

和老將學自律

二〇二二年賽季，當富邦悍將內野出現游擊防區漏洞時，老將王勝偉臨危受命扛下守備重責，並且在攻擊端也呈現穩定輸出，之所以能以三十八歲之齡扛起游擊吃重的守備工作，還能整季打擊穩定、成為東山再起獎的得獎者，關鍵在於他的自律和常保求知進取的心態。

王勝偉是非常了解自己身體狀況的選手，他到職棒生涯後期依然求知若渴，儘管已經有一套適合自己的訓練模式，但他還是常常跟體能教練交流，討論適合當下狀況的訓練內容，透過諮詢不同專業人士的看法，從中採納適合自己補強的項目。

在同窗老友詹智堯的眼中，王勝偉也是掌握個人調整訓練SOP的典範。「還沒室外BP（打擊練習）前，他會先在室內做揮棒動作修正，像是揮棒軌跡和擊球點，他的練習重點會著重在自己的打擊重心，練習時穩定在擊球點上。他的守備也有很多前置作業，像是賽前第二次熱身時他會做腳步練習，拿彈力繩綁在腳上，做腿部抗力發力的穩定性鍛鍊，讓自己正式上場的時候腳步更靈活。」

王勝偉的作息很規律，飲食習慣清淡，體脂肪率控制在驚人的個位數；他平常很早到球場，伸展做的很勤，比賽後的身體恢復環節也做的很確實，像是利用泡冷水池幫助身體減少發炎、泡熱水加強代謝循環等等。

從教練到選手，王勝偉的表現讓大家都稱道他是富邦獲得的「至寶」，但具體而言年輕選手到底能從他身上學到什麼呢？詹智堯給出了自己的答案：「勝偉是很會『玩球』的選手，所謂玩球不是只在場上確實執行任務而已，而是真正和比賽融為一體，在所有細節中揮灑自如；例如他守備時二壘有人，他會洞察對手想法，用假牽制讓跑者離壘距離不敢過大。打擊時，他很會觀察投手投球習性，事前預判的敏銳度很高，不是投手球丟過來才去判斷好壞球攻擊。他很會觀察比賽局勢和球隊需求，比如說今天對方先發投手表現很好，我們需要多消耗他的用球數，讓對手快點退場，那他站上打擊區就不會隨便攻擊第一球，他這種解讀比賽、融入細節的長處，是年輕選手最可以趁機取經，跟他學習的優點。」

年輕選手有時站上打擊區太過積極，沒觀察賽況和對手就急著出手，有時候對方投手用球數已經瀕臨極限，打者上去一個半局，用三個出局數只讓對手丟了六球、打三個鳥飛就讓投手安全下莊，不但沒消耗到對手體力、也沒讓自家投手有充足的換局休息，更讓教練團沒有任何戰術操作的空間，這種無效攻勢一多，球隊攻守兩端的劣勢都會浮現，所以觀察和應變的經驗需要加強，場上狀況要多用腦去想，這點是王勝偉做得最好的地方，詹智堯鼓勵年輕選手能多從王勝偉這樣的老將身上觀摩學習，因為自己過去在外野守備上也是採納前輩好手的優點，不恥下問的求教，才獲得了進步。

轉隊後的表現，讓王勝偉被眾人稱道是富邦悍將獲得的「至寶」。

單人進步到團隊成長

和富邦年輕選手相處一年以後，詹智堯看到他們的成長，雖然表現還不太穩定，但與最初的情形相比已經進步不少，接下來需要給他們時間去吸收、轉化，並且帶動相互交流的風氣，才能讓整個外野部門、甚至全隊一起變強。

有一場比賽外野守備出狀況，賽後詹智堯召集外野手群集合開會，但他自己先去參加教練團的檢討會議，等他開完會出來時，看到外野手群已經自行集合討論當天的守備狀況，也會相互提醒詹教練先前就強調過的守備重點，像站位、觀察打擊者習性等等，除了自己進步之外，隊友間有更多交流才能一起成長。

如今富邦悍將的外野組成已經邁入換血期，年輕選手各有優點，也各有不同的問題，解決這些問題並得到成長，需要時間的積累和賽訓的淬鍊，詹智堯不知道自己會在富邦悍將擔任教練多久，他也從不設限，但只要他在富邦悍將外野教練職務上的一天，他內心對選手就存在一份責任和期許。

「外野手的守備能力要能開花結果需要時間和經驗累積，除了部分進步幅度有限的先天條件外，無論是守備站位、判斷、移位、路徑、接球、傳球，這些環節的成熟度都可以靠練習獲得成長，但這些項目的進步都不是一蹴可成，我只希望在了解每個選手優缺點和不同的需求以後，能盡可能幫助他們改善缺失，讓他們能夠朝著正確的方向前進；過去我自己新人時期也是花了很長的歲月去摸索和苦練才漸漸找到方向，而儘管找到正確的路，仍需要花長時間的練習才能慢慢看到成果。」

透過不輟的苦練積累經驗，並在過程中幫助每個不同相性的選手找到適合自己維持穩定表現的訓練模式，是詹智堯認為自己擔任教職最重要的任務，因為自己年輕的時候曾經茫然無助過，所以在當教練以後希望能幫助選手少走一點冤枉路。

「我期許未來他們都能有明顯被看見的成長幅度，這時候我不一定要在、不一定要按照我的方法來，只要有緣共事的過程中對他們有所幫助那就足夠了。」

CHAN CHIH YAO

第 8 章

CHAPTER EIGHT

餘暉璀璨

二〇二二年轉戰富邦之初，球團對於詹智堯入隊以後的千場出賽計畫並沒有既定的時間表，只確定會在該賽季完成千場出賽，並將第一千場出賽作為引退賽並舉辦退休表彰儀式。

「剛確定轉戰富邦的時候，和球隊商談的合作方式已經不是以選手身分為主，而是確定會以教練職務為重，幫助外野手們能夠盡快站穩腳跟，只有談到確定會達成出賽千場，時間、場地都不確定，而且我現在的作息早已經不再是選手模式，我自己也希望盡可能專注在教練的角色上，至於千場出賽以球隊賽季中的運作調度為主，一切順其自然。」

誠然如此，因有外野部門的訓練與比賽協助的職責在身，儘管詹智堯名義上仍是球員，但長時間將心力投注在教練角色無法進行個人練習的他，也擔心球隊為讓他上場結果影響比賽勝負，如此一來反倒適得其反，失去了紀念表彰的美意。

隨著時序推移，二〇二二年球季進行過半，富邦悍將的陣容在下半季逐漸穩定，球團也較有心力幫詹智堯規劃引退賽相關事宜，最後拍板定案，千場出賽暨引退儀式將在十月十八日，於新莊主場對戰樂天桃猿，富邦球團貼心安排詹智堯在引退賽對上效力十多年的老東家，讓兩隊的球迷都能夠為他喝采，而這也代表他的九百九十八至千場出賽，會在十月上旬陸續完成。

一份特別的退休禮物

在即將退休的前夕，詹智堯收到了一份充滿紀念意義的特殊禮物。

那是兩張二〇一二年臺灣大賽第六戰的門票，表定的賽事地點是臺南球場，而熟知中職史的球迷都知道這一場比賽最後並沒有進行，讓這兩張門票作廢的「始作俑者」就是詹智堯。

這兩張門票的持有者是「運動視界」的棒球專欄作家姜佑承，他在二〇一二年臺灣大賽期間購買了臺南球場第六戰的總冠軍賽門票，但最後因為第五戰詹智堯的冠軍撲接，終結了這個系列賽。

當年詹智堯的超級美技，即使睽違十年依然讓姜佑承記憶猶新。當年統一獅隊宣布總冠軍賽作廢門票可以一換二方式在隔年（二〇一三）兌換獅隊主場例行賽門票，但姜佑承認為這兩張冠軍賽門票是經典時刻的見證，也是自己親身經歷這個時代的回憶，他選擇把這些票券珍而重之的收藏。

爾後幾年，他一直在找機會把這兩張門票給詹智堯簽名。

讓 2012 年總冠軍賽第六戰門票作廢的「始作俑者」正是詹智堯的超級美技。

「這兩張票是我們經歷過他金手套四連霸年代的見證，十年前他用他的守備讓這兩張門票變成廢票，我想在他退休的這一天讓他在門票上簽名，然後一張自己留存，一張送給他作為退休禮物。」

這份別出心裁的退休禮，是當年身為統一獅迷的姜佑承，對詹智堯的守備獻上最高敬意的方式。

現役生涯最後的明星賽

二〇二二年明星週進行的兩場比賽，明星隊總教練由中信兄弟「助總」林威助擔任，當他得知今年是詹智堯職棒生涯最後一個球季後，便請聯盟同仁來詢問詹智堯是否有意再參加一次明星賽，為現役生涯增添一點回憶？有感於助總邀約之誠，詹智堯以一壘指導教練兼球員的身分參與最後一次明星賽，這也是他中職生涯第九次入選明星隊。

「我還在臺體大念書的時候就認識威助賢拜，當時他已經在日本打職棒了，因為他是臺中人，每年球季結束他從日本返國就會來我們學校練球，我就是那時候認識他的；和他比較熟是在二〇〇六年經典賽中華隊培訓時期，當時我們住宿還同一間，他的臉常常讓人感覺有點嚴肅，但其實私底下還滿好聊的，認識久了以後我也比較敢跟他開玩笑。」

其實林威助總教練在明星週第一天的賽事就詢問過詹智堯要不要上場，詹智堯這才知道助總這次不是在鬧他，而是認真要他上去打，詹智堯因為當時沒帶釘鞋沒辦法上場，當天晚上還特地請北部的富邦同仁幫他攜帶釘鞋送到洲際棒球場來救急。

當時林威助本來首戰就要安排詹智堯上場，詹智堯當時半信半疑，以為助總在跟他鬧著玩，應該不會真的讓他上陣。那週四的例行賽富邦打客場，週五休息日詹智堯就下臺中參加明星賽晚宴，裝備放新莊沒帶來洲際，直到週六林威助賽前問他能不能打，他才知道助總是認真的，但因為沒釘鞋，只好跟總教練報告沒帶裝備。週六場打完以後，富邦情搜部的同事剛好要下彰化，詹智堯請他順路幫忙把釘鞋帶來球場，隔天賽前再跟威助報告說自己有釘鞋可以上，有趣的是，助總當時還以為詹智堯前一天不想打，騙他說沒帶裝備。

「威助賢拜受日式文化薰陶很重，全身散發出一種很嚴肅的氣場，但是因為年輕時就認識他，所以我比較敢開他玩笑。他這兩年當總教練有很多經典鏡頭，像是吹滑石粉、輔

中華隊時期的戰友一林威助總教練在詹智堯職棒生涯最後一年送給他明星週的美好回憶。

助判決後高舉雙手一攤，都是讓球迷印象深刻的畫面。今年明星週我是教練團成員，球隊防守的半局我都站在他身旁，週六那場有一次本壘攻防，我們在本壘拿到出局數，對面『餅總』（林岳平）透過挑戰讓裁判改判，這時大家都知道威助又要攤手了，我就在旁邊近距離見證他做出這個經典動作。」

明星賽第二戰，詹智堯同樣在球隊進攻時擔任一壘指導教練，後段戰助總直接派他跨過一壘邊線上去代跑。當天比賽助總本來預計有人上壘就要派詹智堯上場，沒想到雙方攻勢太少一直沒人上壘，直到第七局林承飛順利上壘以後，詹智堯才千呼萬喚始出來。

最後一次以選手身分踏上明星賽球場，而且還是以前人未有的方式，在壘邊擔任指導以後上場代跑，這是中職明星賽史上頭一遭，詹智堯在賽後很感謝林威助總教練，讓他在選手生涯最後一年有這個特殊體驗，留下彌足珍貴的回憶！

詹智堯雖然因為後位打者打出飛球被接殺沒能代跑建功，但比賽到八局時靠著後起之秀拿莫．伊漾的全壘打逆轉戰局，林威助和詹智堯所屬的中職明星隊在明星週連兩戰橫掃「餅總」林岳平帶領的中華隊。職棒生涯最後一次參與明星週，首戰看到同窗王勝偉的寶刀未老、次戰見證新星拿莫．伊漾的鋒芒乍現，世代交替相對照下，詹智堯心頭湧起許多感想。

「踏上職棒舞臺表現不分年齡，只要你一直努力，機會來臨時又能掌握，不管幾歲你都可以綻放MVP光芒，有些人一看到老將的歲數就直覺反應他該退位讓賢，但年資一到就該強制淘汰的概念是不合理的，職棒是用數據說話的職場，不是年紀大就理應被淘汰，像餅總曾經評價隊上老將（高）國慶，他說『職棒球員在場上奮戰，不應該用年齡，而是該用實力淘汰他們，只要高國慶在一壘的守備穩定度是隊上沒人可以取代的，那他就證明自己是球隊不可獲缺的戰力。』」

老將處在世代交替的環境如能時時嚴謹自律，長期狀況保持良好，沒有因為機會少就放棄以往的堅持，當來到新環境、球隊願意給你機會而你又能把握，那舞台就會是你的，不會因為你是老將就一定比別人遜色，像是林智勝和王勝偉，他們在前一個球隊的機會變少，還被球迷說早該退位把機會讓給年輕人，但他們沒有自暴自棄，還是做好自己的訓練，在換了環境以後馬上把握機會打出成績，無論在明星週或例行賽，他們都是球隊不可或缺的存在。

彷彿有無形緣分牽引，二〇二二年明星賽的中場表演嘉賓正好是動力火車，他們也不

負盛名，在這年明星賽的中場演出堪稱經典！中場休息時，詹智堯站在場邊凝神聽著動力火車的演唱，其中正有《繼續轉動》這首動力火車在二〇〇九年三月發行新專輯中的同名主打歌曲，這首歌是詹智堯職棒新人年的中華職棒主題曲，他更曾親身參與MV拍攝。一眨眼十三年已過，這首歌已成經典，而詹智堯的職棒生涯也即將劃上句點。

那年初秋是一個向傳奇告別的季節，詹智堯及統一獅隊潘武雄的引退賽日期都相繼確認公告。出人意表的是，搶在兩位既定於今年退休的外野好手引退賽之前，富邦悍將傳奇洋投羅力（Mike Loree）在將達「本土洋將」年資前夕無預警宣布引退！雖然九月將屆滿三十八歲，但二〇二二年賽季羅力的狀況維持得非常好，不但順利奪下中職百勝，還有望挑戰史上奪三振紀錄，但他卻在來年可不佔洋將名額的利多情形下急流勇退，消息一出震驚臺灣棒壇！

詹智堯和羅力有著特殊緣份，羅力二〇一二年初次效

職棒生涯第九次、也是最後一次以選手身分入選明星賽，詹智堯充分享受明星週的每一刻。

力中職時就與詹智堯在 Lamigo 桃猿成為隊友，二〇一二年八月十八日，羅力生涯初登板拿下中繼成功，詹智堯是那場比賽的先發中外野手兼開路先鋒，同年八月二十四日羅力完投九局拿下中職生涯首勝，該戰先發中外野兼第一棒同樣也是詹智堯！那一年他們作為球隊主力一起拿下生涯首座總冠軍，在選手生涯最後一個賽季，他們又在富邦悍將聚首當隊友；羅力中職生涯的首戰、首勝、乃至於後來的百勝和最後一役時詹智堯都是他隊友，兩人甚至同年在同一支球隊舉辦引退賽。

羅力是個性很隨和的選手，無論他在哪一支球隊都能跟隊友相處得很好，他不但隨遇而安，而且也很能適應臺灣濕熱多雨的氣候環境，當年他剛到桃猿隊的時候話比較少，因為當時隊上英文好的選手不多，但只要你願意去跟他攀談，他都很樂意跟你聊天；後來在富邦，詹智堯與羅力有緣再聚首，他曾問羅力這幾年中文有沒有進步，羅力回答因為加入義大和富邦，球隊裡會講英文的選手比較多，反而沒有太多機會練習中文。

在詹智堯的眼中，羅力不只是個成績能夠滿足球隊需求的洋將，更是一個持續進化的選手、老將的楷模。「二〇一二年剛來臺的時候，他給人的感覺真的只是一個穩健的洋將，並沒有到完全宰制聯盟的程度；他去義大時期我們成為對手，前幾年我覺得他的球還算好打，但在富邦時代，隨著年紀愈大他的球反而愈來愈難打，胡金龍有說過羅力會寫筆

詹智堯與羅力有著特殊的緣份。

記紀錄各隊打者習性，他一直在尋找對付打者的方法，配球策略逐年進步，加上十年來身體保養很好，體脂率比他剛來臺灣時更低，他也是自律嚴謹的老將典範，能打到三十八歲成績還這麼好不是偶然，事業發展還在顛峰，之後可能會有更好的薪資待遇，為了陪伴小孩童年成長決定退休，他一定下了很大的決心！很高興有緣跟他當隊友，祝福他回國一切順利。」

羅力在九月完成中職生涯最後一次先發，潘武雄也在十月一日臺南球場的「最後一武」引退賽後正式退休，看著自己同世代的選手一個個淡出職棒舞臺，詹智堯更加意識到自己的現役生涯即將步入終點。

二〇二二年十月十七日，新莊棒球場

尼莎颱風挾帶的豪雨瘋狂轟炸北臺灣近一周，正當週一補賽日所有球迷都覺得賽事進行無望時，詹智堯職棒生涯第九百九十九場出賽卻在無風無雨的狀況下順利開打。在這場面對老東家樂天桃猿的比賽中，他擔任先發第一棒指定打擊，並在新莊球場ＤＪ劉俊直老師氣勢磅礡的介紹下隆重登場。

他站上打擊區，場邊響起十餘年來再熟悉不過的加油曲和「Hito！Hito！詹智堯！」的應援口號，他也立即做出回應，將猿隊先發投手霸林爵（Ryan Bollinger）的外角球紮實的掃向左外野方向，他光速踏上二壘，臉上堆滿燦爛的笑容，和當年職棒生涯首安一樣打在左半邊、同樣是一支二壘安打！

流暢的揮擊、風馳電掣的跑壘速度，在社群媒體上迅速引發球迷討論熱潮，這個無論從外表和身手都看不出退化跡象的選手，真的不能再繼續打了嗎？

二〇二二年十月十八日，新莊棒球場。

當天下午四點半，富邦悍將現場販售的詹智堯引退紀念商品，不到五點就被球迷搶購一空！「詹帥」魅力絲毫不減當年。他就像受到老天爺的眷顧般，儘管雨彈肆虐北臺灣，但在職棒生涯最後三戰乃至於引退儀式的進行時都沒有受到任何雨勢襲擾。詹智堯的粉絲雲集新莊棒球場，手舉應援毛巾、自製立牌、加油看板，感謝詹智堯十四年職棒生涯伴隨他們度過青春歲月，鐵粉們下定決心，必須要親臨現場見證他選手時代的最後一戰。

富邦悍將的先發名單上，擔任第一棒中外野手的是詹智堯！在職棒生涯第一千場出賽，他回到了再熟悉不過的中外野防區。面對老東家樂天桃猿隊先發投手狂威（Dylan Covey），他展現了另一項過去為人稱道的能力——選球，他選到四壞球保送上壘，並靠著陳真的高飛犧牲打撲回本壘攻下富邦悍將的勝利分，一如既往地稱職完成開路先鋒的工作。這是他職棒生涯最後一次回壘得分，當他瀟灑飛撲的英姿再現時，瞬間將球迷們的記憶拉回過去，重疊他昔日華麗的身影。

是的，他以同樣的飛撲之姿完成那記經典的冠軍接殺，正好就在十年前的同一天。

比賽進行到第三局，丘昌榮總教練在局中下達換人指令，詹智堯擁抱了隊友以後，在滿場球迷的掌聲中，從他揚名立萬的中外野防區緩緩步下球場。

引退儀式上數次情緒潰堤、難以自己，甚至哽咽到無法完整發表感言，足以看出詹智堯對棒球這項運動的熱愛。在職棒生涯結束的這一刻，他可以驕傲的對生涯回顧影片中年輕時的自己說「辛苦了，我知道你盡了最大的努力！」

「謝謝到場的球迷朋友們，千場對於我來說有很大的意義。首先要感謝富邦悍將，讓我可以達成第一千場的出賽，還為我舉辦引退儀式。老實說，我從來沒有想過自己能夠達成這個里程碑，從小就離開家鄉加入棒球隊，國中時期的階段我打得並不出色，感謝林省言教練，當初從來沒有叫我放棄過棒球。還有大學時的教練林華韋領隊，謝謝你在大學時的嚴厲指導，讓我能夠快速地成長。

我自認自己不是天賦很高的球員，感謝我棒球生涯中的每一位教練及前輩們，我真的心存感激，謝謝。感謝 La new 集團劉保佑董事長，在二〇〇八年的特別選秀會中選了我，讓我得以順利在中華職棒出賽。再來要謝謝樂天與 Lamigo 集團，照顧我十三年的時間，謝謝樂天浦韋青領隊、前 Lamigo 劉玠廷領隊、還有過去的隊友們，以及十號隊友們，能和你們一起拿下六次總冠軍，是我球員生涯中最美好的回憶。

感謝我的家人，不論我的表現好壞，總是給我最溫暖的鼓勵，讓我可以在球場上盡情的發揮。謝謝來到現場的朋友，所有的球迷們，沒有你們的支持，我不會走到現在，雖然今天過後我不會再以球員的身分上場，但我仍然會以不同的角色繼續在球場上奮戰，也勉勵想進職棒或是新進的選手，在這個環境裡只有不停的努力，才有機會完成自己的夢想。希望大家未來能持續為中華職棒加油，富邦悍將加油，謝謝大家。」

以熟悉的「第一棒、中外野手」的身份，
完成職棒生涯一軍第一千場出賽。

momo
BRAVES
GUARDIANS

直到詹智堯說完引退感言，球場的天空才降下傾盆大雨。高掛手套、釘鞋，拭去眼角淚水，開啟身分轉換的嶄新人生，職棒生涯已經沒有遺憾的詹智堯，未來各階段的藍圖也逐漸清晰。

「我已經四十歲、打棒球超過三十年了，現在的人生規劃是先把教練這個任務做好，短期目標是把年輕選手的紮根工作做確實，讓他們在一軍的表現能夠盡快上軌道。我自己也想在新環境持續精進，學習怎樣更好、更有效的引導選

手步入正確的道路，對我而言自己的選手生涯即將成為往事，看著年輕世代的成長，才是現在讓我最有成就感的事。球隊上軌道以後，中程目標我希望再去研究所進修，學習運動科技和運動心理學的專業知識，這些東西是我當教練以後發覺很想學習的地方，這些知識對了解和幫助選手很重要，以運動心理學來說，常常看到選手在練習、在二軍比賽表現都不錯，但上到一軍實戰，感受到壓力的時候表現落差就很大，這狀況有時不是技術、而是心理問題，如果有運動心理學的知識輔助，教練更

能幫助選手脫離困境。」

除了心理層面的專業知識輔助外，運動科技也是詹智堯在踏入教練領域以後一直想要精修的學科項目。「運動科技是現在的顯學，年輕選手已經習慣有科技數據來幫助自己成長，這也會是新世代教練需要進修的知識，我不喜歡對選手講感覺的東西，因為我的感覺跟選手的感覺可能會不同，但是如果同一件事能透過運動科技的客觀數據闡述，或許更能達成共識，幫助選手更快發現問題，方便我們找到讓表現更好的答案。」

餘暉璀璨

與棒球相遇超過三十年，詹智堯在四十歲前的人生超過一半時間都在打棒球，過去踏出國門也幾乎都是為了各大國際賽和交流賽南征北討，如今在退休後，他希望出國可以不只是為了棒球，而是為了更豐富自己的人生閱歷。「在四十歲以後，我希望能實現一些棒球以外的計劃，想花點時間到世界各國走走，看看別的國家，體驗一下不同國度的生活文化，常常聽人說要出國要趁有錢、有時間和有力氣時去，或許有一天我真的會去環遊世界吧！」

台北富邦銀行
BRAVES
GUARDIANS

BRAVES
GUARDIANS

職棒生涯最後一個選手身分的賽季，詹智堯在達成千場出賽後翩然引退，留下一片向晚餘暉的璀璨，在向傳奇告別的初秋後，江山繼起之才人就將踏上追逐榮耀的征途。

秋冬時節，落山風初起，灰面鵟鷹遵循風信，沿韓國、中國、日本等航線兩路抵達臺島，順中央山脈飛向恆春半島，終在滿州鄉短暫歇息，告慰幾經風霜的老翅。而後鷹群雄起，正如外野綠茵上，詹智堯魚躍鳶飛、雷動風行的美技，那如詩畫般的身影，將永遠留存在見證者的記憶；選手的黃金歲月，終有迎來引退的一日，但傳承與進化將永不止息，世代交替後的雛鷹，將承襲上代的技藝，在外野的蔚藍天空中展翅翱翔，生生不息。

國家圖書館出版品預行編目(CIP)資料

外野無雙:詹智堯/詹智堯,卓子傑作.
-- 初版. -- 新北市:
堡壘文化有限公司出版:遠足文化事業股份有限公司發行,
2023.01
面; 公分. -- (入魂;20)
ISBN 978-626-7240-13-7(平裝)

1.CST: 詹智堯 2.CST: 運動員 3.CST: 棒球 4.CST: 臺灣傳記

783.3886 111021626

入魂 20

外野無雙:詹智堯

作者	詹智堯、卓子傑

堡壘文化有限公司 ——

總編輯	簡欣彥
副總編輯	簡伯儒
責任編輯	簡伯儒
行銷企劃	許凱棣、曾羽彤、游佳霓、黃怡婷
封面攝影	戴嗣松
內頁照片提供	Lamigo 隨隊首席攝影 魏銘孝、職業棒球雜誌
封面設計	萬勝安
內頁構成與版型設計	廖勁智

讀書共和國出版集團 ——

社長	郭重興
發行人	曾大福
業務平臺總經理	李雪麗
業務平臺副總經理	李復民
實體通路暨直營網路書店組	林詩富、陳志峰、郭文弘、賴佩瑜、王文賓、周宥騰
海外暨博客來組	張鑫峰、林裴瑤、范光杰
特販通路組	陳綺瑩、郭文龍
電子商務組	黃詩芸、李冠穎、林雅卿、高崇哲、沈宗俊
閱讀社群組	黃志堅、羅文浩、盧煒婷
版權部	黃知涵
印務部	江域平、黃禮賢、李孟儒

——

出版	堡壘文化有限公司
發行	遠足文化事業股份有限公司
地址	231 新北市新店區民權路 108-2 號 9 樓
電話	02-22181417
傳真	02-22188057
Email	service@bookrep.com.tw
郵撥帳號	19504465 遠足文化事業股份有限公司
客服專線	0800-221-029
網址	www.bookrep.com.tw
法律顧問	華洋法律事務所　蘇文生律師
印製	韋懋實業有限公司

初版 1 刷 2023 年 1 月
定價 新臺幣 450 元

ISBN　978-626-7240-13-7

外野

CHAN

無雙

CHIH YAO

外野
CHAN

無雙
CHIH YAO